野人の食卓

Yajin's dining

大塚　隆

はじめに　食材を自然からいただく

「自給自足」は中高年サラリーマンの夢の上位に入る。キモは、何と言っても食料調達術だろう。「獲ったぞ～！」と叫ぶ瞬間がたまらない。

アウトドアの技は本を読めば何とかなるが、狩猟や採取は危険や毒草と隣り合わせだから、それなりの技術と熟練が必要だ。

子供の頃に遊んでばかりいて良かったとつくづく思う。遊びは生きるという本能そのもので、それは好奇心から始まる。

海の中は食べ物の宝庫。魚は好きなだけ突けるが、還暦過ぎの体力を考えると、釣ったほうが楽だ。キスはいくらでも釣れるし、カサゴやアジ、イカにタコも。貝は潜ってもいいが、潮の引いた磯にはいくらでもある。ジンガサ、カメノテ…牡蠣に至っては海岸にゴロゴロ転がっているから冬はラクだ。行って拾うだけ。

河口から少し上った我が家の近くの川では、夜の漁も。

仕掛けた筒に天然ウナギ。手長エビは夜間に活動するから簡単に網ですくえる。天然ウナ丼と手長エビ丼が脳裏をかすめて、ついヨダレが…。

モクズガニ、ハゼにドンコも面白いように獲れる。

天ぷらネタから、上海ガニ風味噌汁まで。

タンパク質ばかりではバランスの良い食生活はできないので、次はフルーツに山菜だ。

春から夏の野山は、キイチゴ類に桑の実が鈴なり。

何で誰も採らないのかと思うが、たぶん知らないのだろう。

秋になると、アケビ、ムベ、シイ、大粒のマテバシイ、キウイの原種サルナシ、ヤマブドウ各種、小粒だが甘味の強いシバグリ、古代イチジクのイヌビワ、海岸性のブルーベリーであるシャシャンボ、自然薯の実ムカゴなど、笑いが止まらないくらい採れる。

山菜は年中ある。

ヤマウドは夏も新芽は天ぷらでおいしく、クズの新芽もタラの芽よりうまい。

不足すると懐かしくなる肉は、頭を使えば獲れなくもないが、無益な殺生は避けて、農家の知人に鹿肉も猪肉も骨とともにどっさりもらってくればいい。

海がオフになり、野山も寂しくなる厳寒期でも、わが家の庭先と、近くに借りた一反の野人農園では百菜繚乱だ。

レタス類、小松菜、チンゲンサイ、ミズナ、ラディッシュ、ネギ、パセリ、キャベツ、ハクサイ…。

耕さずに、無農薬・無肥料、木や草や虫や鳥を利用した自然循環のピラミッド農法は、ゴンべみたいに種を蒔くだけで、三六五日収穫できるラクで楽しい農業だ。

人は自らの都合で自然に手を加え、野菜や果物を工業製品化し、肉や魚から野生味を無くそうとしている。

自然界の食材が本来持つ栄養や薬効のバランスを崩して、自らの健康を壊している。

今やスーパーへ行けばどんな食材でも揃うが、ときには海や野山に出かけて、自分の手で食材を調達してみてはどうだろうか。

本書は、幼い頃から今日まで、野人が自然界からいただいた食材と遊び、食べて感じた思いをまとめたエッセイである。

食の本質を見直すきっかけとなってくれれば嬉しい。

野人　大塚　隆

野人の食卓　目次

表紙イラスト・挿画／辻　美穂

一、海の食卓

シイラはネコまたぎ？

ネコまたぎ、のどくさり、なんとも意味ありげな言葉だ。猫もまたいで通る、食べると喉が腐る…つまり、まずい魚の俗称である。鯛、平目、鯵などの流通魚と違い、地域によって評価が異なる魚は多い。食生活は昔からの慣習、偏見に左右されやすい。

沿岸でよく獲れる魚にヒイラギがある。庭木の柊の葉に似ているのが由来だが、独特のネバネバと臭いが嫌われ、よく捨てられている。ゼンメとも呼ばれ、からあげや煮付けにして食べる人もあり、結構うまいのだが、食べない人のほうが多い。よくぬめりを洗い、小さくてめんどうだが刺身にすると、実は涙が出るほどうまい。握り寿司にすると、これはもう絶品だ。魚の女王といわれるシマアジにも劣らない。ぜひ一度ためしてもらいたい。

臭いと言われる魚は、その原因の多くがぬめりと内臓にある。まな板と包丁をよく洗って処理すれば、おいしく食べられる。

ヒイラギと同じく臭いとぬめりが強烈で、嫌われる魚にヌメリゴチがある。俗称メゴチとも呼ばれ、東京では天ぷらのタネに重宝がられるが、大阪ではガッチョと呼ばれ、忌み嫌われている。地方により、人により、これほど評価の分かれる魚も珍しい。

魚は値段でなく、自身の舌で味わうもの。ヌメリゴチとて天ぷらはもとより刺身、握りにすると目からウロコが舞い落ちる程うまい。

これとは逆に、東京と大阪での評価が逆転する魚にベラがいる。釣船の船長をしていた時、釣魚を梱包する前には必ず関東か、関西からの釣り人かを聞いていたくらいだ。もちろん関東ならヌメリゴチは入れてもベラは入れない。関西はその逆だ。間違えると叱られる。

外洋性回遊魚のシイラも評価の低い魚だ。大きなものは二十キロを越え、初夏から秋にかけて大量に水揚げされる。島根のある地域ではお盆に欠かせない魚で、鮮度のいいものは刺身にしてもおいしいが、見た目が悪く、味に個性がないので一般にはあまり好まれない。

東シナ海や熊野灘でクルーザーの船長をやっていた頃、シイラを死ぬほど嫌うクルーがいた。そいつはハワイへの新婚旅行から帰ってくるなり、こう言った。

「ディナーで食べたマヒマヒ、すごくおいしくて、船長にも食べさせてやりたかったですよ」

「時々食べてるし、そんなにうまかったのなら、今度死ぬほど食べさせてやるよ。ところでおまえ、マヒマヒって何か知ってるのか?」

俺から答えを聞いた彼は、しばらくデッキの上で踊り狂っていた。味にくせがないのは、身が淡泊ということ。和食より、フライやムニエルなどの洋食に向いている。マヒマヒとはシイラの現地名で、ハワイでは高級魚として珍重されているのだ。

高級魚、雑魚など、誰かが勝手につけた形容詞に惑わされてはいけない。

これまで何百種もの魚を調理して食べたが、本当にまずいと思った魚はほとんどない。

人の好みも異なれば、季節や場所によって脂ののりも違う。釣りたてで生臭い魚など存在しない。処理や調理法が適正であれば、どんな魚でもその味を楽しめるのだ。

即死、血抜き、急冷

最近、味の解らない子供が増えていると言う。

もともと大人より子供のほうが味を識別する能力は優れている。偏見のない本能とも言える。

本来の食材が少なくなった今日、魚や野菜よりもファストフードに人気が集まるのは、無理もないことかもしれない。

四十年前、魚はスーパーのパックではなく、魚屋や行商から丸のまま買っていた。魚屋さんは気安く刺身の注文に応じていた。買う方も、魚の名前や旬の知識を知る機会が多く、「クロダイを刺身にしてもらった」とは聞いても、「刺身を買ってきた」とは聞かなかった。

刺身は調理した瞬間が一番おいしく、時間とともに味が落ちていく。野菜と同様、便利さと引き換えに味を失ったと言えるだろう。これじゃ純粋な味覚を持つ子供に好まれる訳がない。

魚であれ、野菜であれ、安くて便利であればという安易な考え方が、日本の食文化崩壊に拍車をかけ、第一次産業の衰退を招いている。世代を重ねるほどに調味料文化の時代が進んでいく。

釣り人を親に持つ子供は、日頃からおいしい魚を食べている。そんな生活に慣らされた子供は、それ以外の魚を食べようとしない。

活きの良い魚を初めて食べた子供は「お母さん、この魚生臭くない」と言う。味の解らない子供が増えたのではなく、味のない食事を作る親が増えたのではないだろうか。現在の流通システムでは無理からぬことだが、そのシステムを望んだのは親たちである。

味のある魚、となるとやはりアジだろう。白身魚で味の判別は難しい。鰹に鮪、イワシやサバと数ある中、干物、刺身、塩焼きと日常生活に密着してきた代表魚はマアジだ。

食べ易く、調理し易く、釣り易く、おいしく、誰からも好まれる。しかしながら、本当のアジの味を理解している人は少ない。もはや「魚食文化の国」と言い切れないところまで来ている。

日本沿岸のアジは、マアジを筆頭にムロアジ、ヒラアジなど種類が多いが、王様と呼ばれるマダイに対して、魚の女王と言われるシマアジにはめったにお目にかかれるものではない。

店頭に並ぶ普通のマアジと釣りマアジでは、味も価格も数倍の差がある。

網で大量に捕獲されるマアジは水氷に入れられるが、暴れて身が傷み、血も回っている。身に締まりがなくなり、翌日には「加熱用」となる。

対して釣りアジは一匹ずつ活き締め、血抜き処理され、死後硬直の時間が長く、歯応えもあり、翌日でも生臭くない。もちろん焼いても格段の差が出る。そのほとんどが料亭、鮨用として都会に出荷されている。地方でも需要があれば、もっと大量に消費されるはずだ。

おいしい魚の三原則は「即死、血抜き、急冷」で、それは肉類でも同じだ。

漁師や猟師には常識だが、釣り人でも知らない人が多く、一般の人はほとんど知らない。

漁協関係者に情報発信を進言しても、「解ってはいるが、首を折ったり、傷をつけると売れないからしょうがない」と言う。あえて生臭い魚を呼び込んでいるのは、食材の基本的知識を欠いた消費者自身とも言えよう。

食品表示に目を光らせ、声を大にするエネルギーを、そちらの方向に向けて欲しい。

タコは賢いのかバカなのか

タコは面白い身体の構造をしている。

どこが頭なのか胴なのかよくわからないし、柔らかい袋の中にエラも胃も脳も一緒に収納されている。そこからいきなり足が何本も生えている奇妙な生き物だ。骨らしきものが一本もない割には器用で、その行動を見ていると、賢いのかバカなのか判断に苦しむ。

大昔の人は悪魔に例えたくらいで、最初に食べた人は偉いと思う。

イモ、タコ、ナンキン…と、女性の好物にあげられ、タコ焼きをはじめ、食卓に深く浸透しているタコ。から揚げ、タコ飯、タコ刺しなどは本当にうまい。

タコには子供の頃から親しみがあった。満足に潜れず、魚が突けなくてもタコは捕獲できた。「海の忍者」と呼ばれるくらい擬態が上手で、岩と見分けがつかないが、生態がわかると簡単に見破れるようになる。

大潮の干潮時、磯で腰まで浸かり、水中眼鏡でモリを片手に突きまくった。浜で焚き火をして、その中にタコやサザエを放り込み、黒焦げになったタコをそのまま食べていた。高校時代の弁当のおかずもタコやサザエの煮物が多く、今でもタコの味が身体に染み付いている。

タコの主食は貝とカニで、味にはうるさいグルメだ。貝はアワビやトコブシを好む。漁師はワタリガニを餌にタコを釣るくらいで、カニはもっぱらワタリガニ。ウニも好物だ。そんなものばかり食っているタコがおいしくないはずがない。

岩の窪みや石の下に潜み、時には小石を身体に引き寄せ、海藻の色でカムフラージュ。獲物が近づくと、上から八本の足を広げて包み込むように襲いかかる。岩にしっかりとくっついたアワビやトコブシは、殻に開いた穴（水門）をすべて塞ぎ、呼吸困難で苦しくなり力が抜けた瞬間に下から足を差し込んで裏返す。

擬態にしろ、狩りの手法にしろ、これほど賢いタコがバカだと感じる瞬間は、未練たらしいほどの浅ましさにある。

カニを結んだ掛け針にはかからず、しっかりカニに抱きついたタコは、近づく水面を見据え、ぎりぎりまで離さず、水面でパッとカニを離すも、まだ近くを漂っている。そして再びカニを下ろすと、すぐさま抱きついて来る。アホだと感じる瞬間だ。

腹が減ったり、ストレスを感じると自分の足を食べるというから、きっと痛みを感じる神経がないのだろう。波打ち際でウニを割り、洗って食べていると、近くの穴から出てきてニュッと足を出すのも厚かましい。こちらは「ラッキー」と思うが。

タコの居場所を見分けるには、真新しい貝殻を探せばよい。餌は巣穴へ持ち帰り、食事が終わるとそのまま入り口にポイと投げ捨てる習性があるからだ。これなら子供でもわかる。貝殻のそばの窪みをじーっと覗くと、忍者になりきったタコがそこにいる。

夏以外は海に入らなくても、岩の上から潰した貝をばらまくとひょっこり出てくるから、竿の先につけた針金のフックで引っ掛ければ簡単に捕れる。

今でも、タコの頭を口にするたび、賢いのかバカなのか考えさせられる。

トビウオの来た道

春から夏にかけて外洋ではトビウオをよく見かける。黒潮に乗って北上、沿岸や湾内にも入って来る。

常に表層を遊泳し、背は鳥に見つかりにくい保護色の藍色、腹は大型魚に見つかりにくい銀白色をしている。つまり空からは海の色、水中からは空の色に溶け込んでいる。

これらの特徴を持つものを「青魚」と言い、アジ、サバ、イワシ、マグロ、カツオ、ブリなどが代表だ。肉質は、速く泳ぐほど赤身が多いが、青魚が赤身魚とは限らず、トビウオやカマスなどは静止していることが多いせいか白身魚に分類されている。赤身か白身かはあくまで食材としての分類だ。

静止域は、カマスの中層に対してトビウオは表層が多い。特に外敵のいない夜になると、同じ白身で青魚のサヨリ同様表層を優雅に漂う。日没と同時にプランクトンが浮上、イワシなども一斉に表層へ集まるからだ。

この習性を利用した漁を、屋久島に住んでいた頃にやったことがある。かがり火に集まって来たトビウオを、網で簡単にすくい捕るのだ。

トビウオはイワシやサバ同様、マグロやカツオ、カジキなどの大型肉食魚に追われる運命。そこで、トビウオなりに考え進化した。大魚に追われたら一気に空中へ飛び出し、ヤツらの視界から一瞬消えることで逃げ切ろうというのだ。うまく風に乗れば、百メートル以上も低空を滑れば水中から狙われる。

空する。飛行距離が伸びなければ、着水地点を読まれて餌食になってしまうし、スピードが遅け

高く舞い上がるのは距離が伸びず得策ではないと、水面スレスレを猛スピードで飛ぶ道を選んだ。そのために、胸ビレは鳥の羽のように発達し、空中に飛び出す初速原動力になる強靭な尾ビレも手に入れた。胸ビレが翼になり、尾ビレが離陸用のエンジンになったのだ。

しかし外洋は波が高く、低空飛行の障害になる。トビウオはさらに深く考えた。

尾ビレの下半分を極端に大きく強靭にして、尾ビレから着水した瞬間に激しくテールウォークし、再び飛び立てるよう発達させたのだ。

尾ビレ上部の空気抵抗はなるべく抑え、水中に動力効率を集中する。

これなら予定飛行距離半ばで失速し、波に不時着しても心配ない。安全圏まで逃げるためには、意地でも海に落ちるわけにはいかない。

根性のあるトビウオは何度もそれを繰り返す。

下の尾ビレだけで海面を走る様はまるでエリマキトカゲだ。

その様子を海上で何度も目撃したが、何処からあんな知恵が湧いてきたのか、彼らの知恵と進化には頭が下がる。

ときには着水地点を誤り、船に飛びこんで来るおバカなのもいるが。

野人はトビウオから物理学の知恵を学び、いつも彼らに敬意を払いながら食している。

サメを刺身で

鮫は世界中で恐れられ、時に人間をも餌にするが、人間のほうがはるかに鮫を餌にしている。南方地域をはじめ、そのまま調理して食べる国も多いが、なんと言っても「練りもの」だろう。鮫はまぐろ延縄によく掛かり、大量に水揚げされる。つまり、世界一のまぐろ船と蒲鉾はんぺん文化を持つ日本人が、一番多く鮫を食べている。背びれや尾びれは乾燥してフカヒレスープの元になる。味よりも独特の舌ざわりが特徴だ。

これほど生活に密着した鮫も魚屋には並ばない。人間よりはるかに長生きし、最大の魚類でもある鮫は生命力が強い。老廃物の分解機能が大ざっぱなせいか、死んで時間が経つとアンモニア臭が強くなる。素早く処理するか、急速冷凍ものしか食用にならない。

しかし各地で鮫は惣菜として利用されている。

伊勢には鮫の肉を塩、醤油味で一夜干しにした「さめのタレ」があり、志摩半島の和具ではネコザメの身を氷でしめて酢味噌で食べている。私も職業柄、釣ったり捕まえたりして食べていた。九州の実家では「ゆでフカ」なるものが大好物だった。いつも茹でた鮫が酢味噌付きで売られていたが、他の地域ではあまり見かけなかった。

海に潜ったり、沖の島まで泳いだりする時は立場が逆転しているから、周りに気を配り、モリとナイフを手放さなかった。

中学二年の頃、勇気を出して一万トンの船も入ってくる湾を、半日かけて泳ぎ渡ったことがある。四キロくらいあったと思うが、帰りの船賃だけ水着のポケットに入れ、後は何も持たなかった。水深は深いところで五十メートルくらいあったが、怖かったのは大型船と鮫で、小さな背びれが見えた時は、大きさも確かめず一目散に泳いで逃げた。それにくらべると、クラゲなどいくら刺されても大した問題ではなかった。

東シナ海に浮かぶトカラ列島の宝島には、イギリスの海賊キャプテンキッド伝説があり、小説『宝島』の舞台にもなり、財宝を求めて人が押しかけた。この島の鮫漁は変わっている。

普通の鮫は泳ぎ続けないと呼吸できないが、ネムリザメは海底の岩穴に頭を突っ込んで眠る。夜、潜って尾びれにロープを掛け、船まで一気に引っ張りあげるという、何とも面白い漁法なので、当然やってみた。鮫もエイも海蛇も、鮮度が味の決め手になる。

船からもたまに釣れるが、伊勢志摩の沿岸に潜ると、ホシザメなるものが海底を這っている。顔は怖いが小型で白い斑点があり、鋭い歯はない。これがまた美味い。後ろからそっと近づき尾っぽを掴んで引上げる。皮剥ぎは大変だが、刺身にしてわさび醤油でいただく。飽きると骨ごとぶつ切りにして、茹でて酢味噌で食べる。

最近はかわいそうで、見つけても見逃してやることが多くなった。思えば鮫も憐れだ。人間から嫌われ目の仇にされ、そのくせしっかりと食料にされ、ヒレまでちょん切られ、おまけに皮まで「わさびおろし」に利用されている。キメの細かさでは最適だそうだ。

かくいう私も、あの鋭くて合理的な鮫の歯が何かに活用できないかと、真剣に考えている。

ＤＨＡの季節

さばきにくい魚はいろいろあれど、どれもアンコウほどではない。

ほかは何とか俎板の上で処理できるのだが、アンコウはグニョグニョして掴みどころがなく、「吊るし切り」でしかさばけない。数キロから数十キロにもなるアンコウは、強力なフックを下アゴにかけ、上からロープで吊るして解体する。

この労力ゆえに、そのままの姿で店頭に並ぶことはなく、鍋用の切り身で売られている。アンコウはフグと並ぶ野人の好物で、活きたアンコウが手に入れば自分で解体する。吊るし切りの包丁の技を野人は「円月殺法」と呼び、解体が終われば「円月殺風景」となる。

円月殺法は眠狂四郎の十八番だが、この場合の円月とは、周囲から円を描くように切る包丁さばきもさることながら、吊るしたフックに最後に残るアンコウのアゴの骨と唇の肉と歯のことで、サメの歯のように殺伐とした風景になるからだ。

ヒレ、皮、内臓、肉と順にそぎ落とし、胃袋、腸、肝も仕分け、頭の上の「ちょうちん」も食べる。最後に残った円月形のアゴもぶつ切りにして鍋に放り込み、唇の肉もしゃぶり尽くしてしまう。軟骨もダシに使い、食べもするから、捨てる部分は胃の内容物と腸内の未来のウンコだけだ。野人がさばく間、よだれを流しながらじっと待っていた猫のタマは、残飯のカゴにウンチしか残ってないのを見て、そりゃあもう気の毒なくらい落胆していた。

アンコウ鍋の季節を野人は「ＤＨＡの季節」と呼んでいる。

栄養成分の略称ではない。大根、白菜、アンコウのことである。

この日は友人を招いてアンコウ鍋をご馳走した。

骨は、身付きのままぶつ切りにしてダシをとっても、肉質がしっかりしていて崩れず、軟骨はさらに柔らかくなる。最初に、ダシにした中骨にかぶりついたが、骨に付いた身はおいしく、骨も柔らかくてかじれる。

アンコウはフグ同様に、まったく脂のない白身だが、旨味の元のイノシン酸は豊富だ。

フグ、ハモ、アンコウは、白身魚の旨味の象徴のようなものだ。アンコウと他の魚との最大の違いは、実にさまざまな食感が楽しめること。肝がうまいのは当然だが、意外においしく食感が良いのはエラ。魚のヒレは通常捨ててしまうが、アンコウのヒレは皮が分厚いので、こちらもズルリと食べられる。胃袋は柔らかい特上のミノで、ほほ肉も絶品だ。

鍋なら冷凍の肉でも問題ないが、甘い刺身は絞めたその日しか味わえない。厚切りにして、しゃぶしゃぶにすると…えもいわれない。

タマはめげることなく、よだれを流しながらひたすら待った。

いつもなら必ず何らかのおこぼれにありつけるのだが、円月殺風景は非情だ。骨の髄まで食い尽くすつもりだったが、さすがにそこまで非情にはなれない。

やっとタマがありつけたのは軟骨。

まあ純白のキャットフードと思えばご馳走だろう。

カレイとヒラメの違いは

カレイとヒラメの見分け方は、昔から「左ヒラメに右カレイ」と言われている。聞いたことはあっても、よくわからない人も多いようだ。

魚屋で見かけたら、ぜひ自身の目で判断してもらいたい。口元の方から見て、飛び出た目が左に寄っていればヒラメ、右ならカレイだ。

ヒラメにそう種類はないが、カレイにはたくさんの種類があり、模様での見分けは一般的には難しい。右目ならまあ「カレイの仲間」でよかろう。

もう一つの簡単な見分け方は口で、ここにこそ両者の特徴が如実に表れている。

カレイは泥底の虫などを吸い込んで食べるから「おちょぼ口」で歯がないが、ヒラメは活きた魚を追いかけて食べるフィッシュイーター。そのため口はアコーディオンのように開き、鋭い歯を持っている。砂の保護色をして海底に張り付き、時には砂に潜り目だけ出して獲物を待ち伏せ、小魚が頭上を通りかかると一メートルくらいジャンプしてガブリと横から喰らい付き、時には海面までエサを追いかける。

ハゼ類やヌメリゴチなどは海底で捕食する。正面か頭上のエサを狙うから口はやや上向きだ。これに対してカレイは、海底の泥に水を吹き付けて隠れた小動物を探すので、やや下向きに付いている。カレイに形が似て、同じ食性を持つ「エイ」の口は完全に下側にある。

じゃあ目も下向きに付いていた方が便利だと思うのだが、図鑑にはその理由が書いてないから自分で考えるしかない。すると答えは簡単に出た。

生き物は食べることも大事だが、まず自分の身を守る方が優先される。カレイもヒラメも大魚から捕食される立場にある。だからどちらも保護色で、砂にも隠れる。目は当然上にないと敵が見えないし、飛び出ていなければ、砂に潜った時に見えなくなる。目の向きが右と左に分かれたのは「互いに見間違えないように」するためだろう。人間でも間違えるくらいだ。相手を間違えて交尾したらやがて「カレメ」や「ヒライ」が生まれ「エサに悩む」ことになる…。以上の野人理論に感心してうなずいた人は、足元の視点が乏しい。タコやイカはともかく、魚は交尾しないのだ。あははは〜。

自然界は好奇心の宝庫で飽きることがない。

普通のカレイは三十センチを越えると大物だが、ヒラメは一メートル、十キロを越すくらい巨大になる。大きさの違いはエサの違いだ。ヒラメは体が大きいほど捕食が有利になり、カレイは大きくなるほどエサの確保が大変になる。

価格ではヒラメが勝るが、味はそれぞれの良さがあり、甲乙つけがたい。肉質の滑らかさはヒラメのほうが勝るが、握り寿司ならカレイが好きだ。価格で評価するなんて無意味だ。

冬の大きなヒラメの縁側には脂がのり、肉質も締まって本当にうまいが、やはり旨味は皮にある。手頃なサイズのカレイの煮付けやから揚げが、たまらなくうまいのはそれが理由だ。

その分だけ野人は、やはりカレイに味の軍配をあげる。

シーベジタブル

大型クルーザーの船長をしていた頃、クルージングの途中、ワカメ養殖の黒いブイが無数に浮かんでいた。

お客様の外国人から英語で「あれは何だ？」と聞かれたが、とっさに海藻と言う単語が出て来ない。「シーベジタブルの畑だ」と答えたら、すぐにわかってもらえた。

海藻はシーウィードと言うが、シーベジタブルでも何となくわかるから構わないと言われた。

春の磯にはワカメをはじめ多彩な海藻がひしめいている。年中利用出来るものもあるが、やはり冬から早春にかけて柔らかく食べ頃になるのは、陸の山菜も海の海菜も同じだ。

海岸線に私有地はないと考えても良い。大潮の満潮に潮が届くまでの土地は全て国家のもの、つまり国民全員の財産だ。漁業権で制限されるもの以外は誰が採取しても構わない。

漁協によっては独自の制限を設けている海藻もあるから、心配ならそこで採取している地元の人に聞けば良い。

海藻は海のミネラルと太陽が作った最高の食品だ。人は野菜中心の食生活だが、進化の歴史から考えれば、本来は海の菜食のほうが身体には合っているはずだ。肥料や農薬にも関わらないから生命力に溢れている。

海水も、磯に転がっている牡蠣もタダだが、海藻もタダでいくらでも手に入る。毒などはないから片っ端から食べて見れば良い。自分の味覚に合ったものが見つかるかも知れない。柔らかくて美味しい海藻はいくらでもあるし、どんなに硬くてもしっかりと煮れば食べられる。

　年中海岸に打ちあがり、また海へ帰って養分となっているのに、もったいない話だ。人にとって身体に良い最高の食べものは海藻で、野菜や食品選びに神経をすり減らし、あれこれサプリメントに目を向けるくらいなら、磯で海藻を拾って来れば良いと思う。

　地上には、それ以上バランスのとれたエネルギー食品はないはずだ。人がいくら頑張って開発しようが、海が創ったものに敵うはずもない。「創ると作る」の違いだ。

　植物のガイドも釣りのガイドも磯のガイドもやってきたが、先の二つと違い、「構わないから何でも食ってみな」と豪語出来るのは海藻だけだ。

　数億年も前から地球上の全ての命をはぐくんできた海藻に毒などはない。

　見分け方が難しくても、名前すら知らなくても、海藻は誰でも、どんな生き物でも受け入れてくれる。

不当評価されるマナジ

日本人は鯛好きで、三百種近い魚にタイと言う名前をつけている。小さなスズメダイからネンブツダイ、およそ鯛とは似ても似つかないものまで（笑）。

本物のタイ科の魚で市場に揚がるのはマダイ、チダイ、キダイ、レンコダイ、クロダイなどで、十種にも満たない。それぞれ生息域も違えば、習性や肉質、味わいも異なる。

マダイを始めとする赤い魚は沖に住むが、クロダイの仲間は沿岸域から河口にまで生息する身近な魚だ。マダイに形が似たクロダイ、尻尾が黄色いキチヌ、口吻が丸いヘダイがあるが、俗称マナジとはヘダイのことで、キチヌは「キビレ」、クロダイは「チヌ」と呼ばれている。三匹並べて「どれを食う？」と聞かれたら、野人は迷わずマナジを選ぶ。二番目はキビレだ。

エビなどの甲殻類を主食とする沖のマダイと違って、クロダイの仲間は悪食で、スイカでもサナギでも何でも食うから、肉質にやや独特の臭みがあるのだ。

「洗い」で食べれば気にはならないが、マナジの食性はマダイに近く、身が非常にうまい。小さなものなら、ときにマダイにも勝る。

ところが、市場はすべてそうだが「知名度」で価格が決まる。季節外れの色あせたスカスカのマダイでも、価格はそれほど下がらない。ブランド産地名がつけばなおさら。買う人の自己満足の世界で、バカバカしいこと極まりない。

クロダイの仲間も、マダイに比べれば価格は格段に落ちる。色が赤くないからだろう。市場価値はクロダイ、キチヌ、ヘダイの順で、味とは逆で知名度の順なのだ。

あまり知られていないヘダイなどは雑魚扱いで「屁のつっぱりにもならない」と言うことなのだろう（笑）。しかし、野人にとってはこのほうが都合が良い。

魚を買うことは少ないが、魚屋を見たらこのマナジがあった。三〇センチを超えているのだが、何故か二九八円なのだ。つい買ってしまった。こんなに安い買い物はない。

マナジを手に入れるのは結構大変なのだ。クロダイと違い簡単に釣れる魚ではない。

市場図鑑のサイトに、知名度によって一つ星から五つ星のマークがつけてあった。星五つは、これを知っていなければ恥（笑）、四つは常識、三つは通で、二つは「達人」、一つ星は学者だった。マナジには星が二ついて、評価はクロダイよりうまい…。わかっている人はわかっているのだ。魚屋では超が付く安価な雑魚の部類に入るマナジの価格が、これからも上がらないことを祈っている。このネタを扱う寿司屋があるなら、野人は真っ先に注文する。

たぶん野人は、この十種のタイを刺身で一切れずつ食べれば、名前をすべて当てることが出来ると思う。うまい時期のマダイが一番だが、マダイが季節外れなら、間違いなくこのマナジが一番だ。価格はドン尻だが、それくらいおいしい。

買ったマナジは半分を刺身にしたが、思った以上の脂のりで包丁が滑った。言うまでもなく刺身も塩焼きも絶品だった。マダイも及ばないほどに。しかも、ご飯とアラの味噌汁を入れたって、このマナジ定食は、某チェーン店の牛丼より安い！

干潮の磯を歩けば

大潮の干潮に磯を探索すると、得体の知れない生き物に出会う。縄文時代からの本能か、たいていの人間は下を向いて歩く。好奇心もあるだろうが、アワビやサザエが転がっていないかと期待しているのかも知れない。

日本の沿岸は漁業権により規制されている物が多い。自由に捕りたいのはやまやまだが、漁師さんの生活を考えるとやむを得ない。

台風の翌朝、魚や貝、カニなどがよく浜に打ち上がる。恩恵に預かろうと拾いに行くが、いつもカラスを始めとする鳥類に先を越される。お日様が真上に来る頃、自ずから足は磯へと向かう。潮の干満という天の恵みにはいつも感謝している。

地球が自転して一周するのを一日、月が地球の周りを一周するのを一ヵ月、太陽の周りを地球が一周するのを一年としているが、この三つが一列になった時が大潮で、引力により海水が引っ張られて干満が発生する。太平洋に面した海岸はその差が大きく二メートル以上になるが、陸地に囲まれた日本海ではさほど差はない。モーゼのような荒業ができたらと何度思ったことか。

月二回、満月と新月に大潮となるが、最も潮が引くのは正午前後と夜中だ。

磯で得体の知れない生き物をあげればきりがない。指で突付くと水鉄砲を放ち、全身を砂や小石でカムフラージュしたヨロイイソギンチャク、石の下にうごめくエイリアンのようなクモヒトデ、奇妙なカニや蛇のようにとぐろを巻いた貝。岩の隙間から生えている亀の手のようなものと、岩にへばりついている三葉虫の化石モドキ。貝はオオヘビ貝、亀の手はカメノテ、三葉虫はヒザラガイと学名が付いていて、これらはすべて食べられる。

磯には海藻も含めて毒のあるものはない。食べる勇気があるか、食べてまずいかどうかだ。自身でためしていると、心が古代へと飛んで行く。

カメノテは中身の小さなピンクの部分しか食べる所がないが、塩茹で、味噌汁にするとおいしい。ヒザラガイは煮て食べるが、裏側の柔らかい身は海水で洗って生でも食べられる。磯の香りがしてなかなかいける。磯ガニにスガイ、カサガイ、アオサ、クロノリなど、磯は大自然の食卓とも言える。

注意すべきは乱獲を避けること。自然界のバランスを崩さないよう、食べる分だけとるようにしたい。収獲物を加えて、磯の釜飯、パエリアなど、工夫すればそれなりに海の幸を楽しめる。

心残りの食材が一つある。海の大型ナメクジ「アメフラシ」だ。

昔、病院の院長先生に「いかに君が悪食でもアメフラシは食ったことないだろう。食べ物がない時、フライパンで炒めて食べたが、あの紫のエキスがからんで本当にうまかった」と言われた。何度か挑戦しようとしたが勇気が出ず、食糧難になってから試すことにして、未だ味わえていない。

近年、動物園の閉鎖が増え、子供たちの関心は生き物から人工物へと移行しつつある。命あるものへの好奇心は、人間形成に不可欠なものだ。見るだけでなく、触れて食べて痛い目にあって、初めて理解できることが多いのだ。

イカを求めて海へ

エビ、カニ、イカは、代表的な日本人の好む食べ物だ。日本が世界を食べ尽くすとまで言われ、輸入量は世界一だろう。うまいカニや、甘海老や伊勢海老のために産地へは出向くが、イカを食べにとはあまり聞かない。イカは比較的日常の食卓に取り入れられているからだ。

野人はこの中ではイカが一番好きだ。釣りたてのねっとりと甘い食感は他を圧倒する。だから、イカを求めて海に出ることが一番多い。

一般的に、イカのイメージはイカ刺し、天ぷら、寿司、姿焼きで定着しているが、本当のおいしさはやはり活きている時にある。

タコが赤いと思っている人が多いように、イカが白いと思っている人がほとんどだろう。茹でればタコもイカもカニもエビも表面は赤くなる。身は全て白いが、活きているうちはその全てが半透明なのだ。イカを活かすのは難しく、魚屋や料理屋ではなかなかお目にかかれないから、どうしても透き通った身に接する機会は少ない。

よく捕れるイカには、スルメ、ヤリイカがあり、日中は水深二百メートル前後の深場から釣りあげるが、夜は灯りで浮かせて釣る。ヤリイカは比較的高価だが、一般的なスルメイカは、大量に捕獲されるため値段は安い。釣りたては最高だが、時間が経つとすぐに甘味も薄れてしまう。

湾内や沿岸の代表がアオリイカとスミイカだ。

スミイカには分厚い甲があるため、紋甲イカとも呼ばれている。これらは肉厚で甘みが強く、獲れる量が少ないことから値段も高い。

アオリイカは釣り師が狙う魚のトップだ。ルアーマンの多くはゲームとして釣りを楽しむが、ことアオリイカに関しては食う目的が強い。活きたイカが手に入るのは釣り人の特権だから。

スーパーなどで売られている分厚いイカにはアフリカ産が多い。ほかに紋甲イカの仲間で、大きくなるカミナリイカ、柔らかくて甘い剣先イカがあり、前者は通称コウイカ、剣先は地域によってはアカイカと呼ばれている。

それぞれに味の違いはあるが、細胞が活きているものは全て美味しく、焼いても天ぷらにしても、死んだものと比べれば、その差は歴然だ。

活きか死にかで、これほど味に違いの出る魚介も珍しい。

活きたイカの刺身はみなうまいが、死んでもまあ鮮度が良ければ、一番うまいのは剣先イカで、握り寿司や刺身は抜群、食感も味も王様だ。アオリイカもうまいが、身がやや硬い。

天ぷらなら、二番手を大きく引き離してアオリイカ。食べれば「イカ天」の認識が変わるはずだ。一週間以内で食べてしまう「自家製塩辛」なら、スルメイカに比べて肝は少ないが、スミイカに勝るものはない。ゲソ焼きは、柔らかいアカイカだ。

イカは魚とは細胞が異なり、生きているうちに冷凍すれば、甘味だけは落ちない。

あの半透明でねっとり感のうまさは、求むべくもないが…。

船上のカツオジュース

船上や港で、漁師たちが豪快に刺身にしたり、新鮮な魚介を焼いて食べる…。漁師料理というと、誰もがそんなシーンを思い浮かべるのではないだろうか。手法は大ざっぱでも、食欲をそそられるものだ。

私の長い船長暮らしの中で、度肝を抜かれるような食体験があった。

二十代半ば、東シナ海で磯渡し船の新米船長だった頃、クルーに屋久島の漁師がいた。ある日、大変美味な「ホタ」という魚が釣れた。学名アオダイといって、脂の乗った白身魚だ。

針から落ちたホタは前のデッキのほうへ跳ねて行ったが、仕掛けがもつれたので整理してから魚を取りに向かうと、そこで彼が釣りを中断して何かを食べている。

「あれ、ホタは?」と聞くと「そこ…」とイケスを指差す。見ると元気よく泳いではいるが、何か様子が変だ。思わず「アゲー!」と声が出た。半身がない! それでも健気にホタは泳いでいた。彼が食べていたのはヤツの刺身で、わずか一分ちょっとの間に身だけを削ぎ、醤油をつけて食べていたのだ。「船長も食べる? うまくてたまらんよ」とニコニコ顔で。

ホタが足元に転がってきたので、発作的に手が出たそうだ。あまりの早業に感心しつつ、ご相伴に預かったが、そのうまさに舌鼓。イケスを見ると、半身のホタと目が合った。多少の後ろめたさを感じたが、くだんのホタはくねくねと不自由そうに泳いでいた。

しばらくして「喉が渇いた」と言うと、彼はこの世のものとは思えない美味なジュースがあるという。「ぜひ飲ませてくれ」と頼むと、彼はいきなりカツオのトローリングを始めた。ジュースはカツオで作るらしい。

一匹釣り上げ、頭を落とし腹を抜くと、包丁で骨ごとぶつ切りにし、さらに叩いてミンチを作り始めた。それをバケツに放り込み、味噌と氷を加えると、何とデッキブラシの柄で思い切りかき回すではないか。しばらくすると何ともおぞましい、どろどろしたジュースらしき代物が出来上がった。とても飲む気にはなれなかったが、あまりにもうまそうに飲む彼の様子につられて一杯。異様な舌触りだがウマい！　暑さも吹き飛ぶ爽快感！　ただ、たまに骨を吐き出すのは面倒だったが。

鮮度が決め手で、釣ってすぐの船上でしか味わえない料理は、鮮度さえ良ければアタらないというものでもない。

三重県に来てから某ホテルの料理長と二人でマダイを釣り、船上で握り寿司を食べようと、寿司飯持参で釣行に出かけた。が、待てど暮らせどマダイは釣れず、昼食時になっても釣果はシイラ一匹。やむを得ずシイラで我慢したのだが、やはり鮮度が良いせいか、シイラの握りは非常にうまい。ところが、しばらくして二人とも腹痛に襲われ、釣りどころではなくなってしまった。

きれいな真水を持参したのだが、洋食料理長は「大丈夫」と言いながらデッキで処理、まな板と切り身は真水で洗ったのだが、処理した包丁を洗わずに刺身をつくった。いくら鮮度が良くても、腸炎ビブリオ菌などは魚の鱗の粘膜に付着していることがある。

基本を怠ったプロ二人…這うようにして港へ向かったのは言うまでもない。

サラリーマンは塩男

古代エジプトのピラミッド建造に関わった奴隷の疲労回復と健康維持に支給されたのは、塩だった。これがサラリーの語源と言われている。砂糖ではない。だから、サラリーマンを直訳すると「塩男」になる。

塩は生命の維持に大変重要なものだが、最近は減塩ブームで、健康に対する悪代官のイメージが増しつつある。「減塩」と表示すると、なんでもよく売れるらしい。

そもそも人は誰でも塩味を感じ取り、塩辛いとか味がしないとかうるさい。つまり自分で調整する機能を持っている。辛ければ食べる量を調整すればいい。

梅干しや塩辛はそもそもそういう食品ではないだろうか。たくさん食べるものでもない。

スーパーに梅干しの種類は多いが、減塩やら鰹梅ばかりで、本来の梅干しが売られていない。だいたい、腐る梅干しというのがピンとこない。仕方ないから自分で作ることにしている。十年前に作った梅干しは、今でも味が変わらずにおいしい。

生命の起源は海で、人の体も一定の塩分が保たれ、摂りすぎても余分な塩分は体外に排出されるように出来ている。その機能がなくなれば生きてはいけない。

海鳥も魚も海水ごとエサを飲み込み、大量の塩分を体外に排出している。魚をさばいて食べても、最初から塩味のする魚にはお目にかかったことがない。カモメはまだ食べたことないが…。

大量の塩分でも体は外に出してくれるが、塩分が不足すると大変なことになる。体調不良の元だ。だから塩分など気にせず、おいしいものはガンガン食べる。塩分を摂りすぎたら高血圧になるのかと聞かれ、「はいそうです」と答える医者はいないはず。

生命の本質を知らずに減塩ブームが一人歩きしているように見える。ニコチンの摂りすぎに注意しましょうとは次元が違う。

塩は大切なもの。今は各地の自然塩がブームだが、好ましい傾向にあると思う。精製塩も技術の進歩の証ではあるのだが、純度の高い塩、つまり塩化ナトリウムは化学物質になる。

生命の誕生から体が求めているのは、海のミネラルを含んだ塩だ。

伊勢志摩は海がきれいで無尽蔵の塩が目の前にあるではないか。海水を汲んできて自分で作れば簡単に出来る。燃料代がもったいなければ、底広の容器に入れて天日に当てておけば濃縮海水が出来る。それを濾して不純物を取り除き、加熱すれば自家用の天然塩くらい賄える。にがり健康法と言われているように、にがりを濾すなんてもったいない、そのまま乾燥させたほうが健康に良いはず。甘みも風味もあるおいしい塩が、誰でもタダで手に入る。

海水の塩分濃度は三%。一リットルに三〇グラム含まれるが、五倍に天日濃縮すれば一五〇グラム、二〇リットルのポリ容器一杯汲んでくれれば、四リットルに濃縮し煮詰めると、六〇〇グラムの自然塩が出来る。家庭で賄うには十分な量だ。子供の体験学習にもいい。自然塩なら天ぷらや塩焼きがおいしく、天つゆはいらない。

果樹や野菜だって、薄めた海水を与えると元気になる。

いつまでも、自然と共に生きるサラリーマンでありたい。

この冬もトドを食いたい

トドと言っても、あの海獣ではない。ボラのことである。

ボラは「鯔」と書き、成長と共にその名を変え、めでたいものとして祝い事などに用いられる出世魚の代表格だ。

他にスズキやブリがあり、スズキはコッパ、セイゴ、フッコ、スズキ、ブリは地方でやや異なるが、藻に付着し黒潮に乗って北上する幼魚をモジャコ、さらにワカシ、イナダ、ワラサ、ブリへと名を変える。スズキやブリは重宝されているが、ボラはその容姿と臭みゆえ近ごろは敬遠され気味だ。

ボラは川底や海底の泥中の有機物、小動物、藻類を好み、水質汚染に非常に強く、同じく汚染に強い鯉と共に、どぶ川を泳いでいる姿をよく見かける。

オボコ、スバシリ、イナ、ボラ、トドと名を変えるが、他の二種と違い、「おぼこい」「いなせ」「とどのつまり」など、ものの例えにもよく使われる。江戸時代、日本橋魚河岸の若者がイナの背に似た銀杏に髪を結っていたことから、粋で勇み肌の若者を「鯔背な」と形容した。

今ではボラは見向きもされないが、その卵巣は中国の墨に似ているところから「唐墨」と呼ばれ、ウニ、ナマコのコノワタと並んで、天下の三大珍味と言われている。

カラスミは古代ローマ時代、地中海沿岸にその起源を持ち、シルクロード、中国経由で四百年ほど前に日本へ伝えられた。フォアグラ、キャビア、トリュフは世界三大珍味とされているが、カラスミも各国で珍重されている。イタリアでは「ボッタルガ」、フランスでは「ブタルグ」、エジプト、ギリシャ、トルコでは「アブゴタラトン」と呼ばれ、酒の肴や、粉末にしてパスタ料理などに使われている。イタリアではマグロ、スズキなどの卵巣もカラスミとして用いられる。

世界的に有名な卵巣を持つボラだが、その肉もかつては日本の魚食文化の中心だった。出世魚名が象徴するように、かつてはボラによって漁村集落が生まれ、支えられてきたとも言える。志摩市浜島町の神社では神事にボラが欠かせないし、真鶴半島漁業発祥の地・尻掛海岸では、一六三七年のボラ網漁からそれは始まっている。能登地方ではボラ待ち櫓が今も使われ、ボラの身が今でも好まれている。また、お伊勢参りの縁起ものとして、イナ料理は街道の重要な収入源でもあった。食の歴史を紐解けばいろんなことがわかり、食せば本質が見えてくる。

人の噂や偏見でなく、一度ボラを食べてみてはどうだろうか。河口ではなく、外洋性のボラは見た目も味も鯛に似て美味しい。寒ボラに至っては、それ以上かもしれない。わけのわからない輸入魚より、はるかにうまくて安い。外洋性のボラが大漁で、売れずに困っている現状を見るたび、なぜ飼料にしたり廃棄に労力を使わねばならないのか、考えさせられてしまう。

「地産地消」などと言いながら、深く考えず、安易な食材に手を伸ばすのは全国的な傾向だ。

例えば練り物などにして、ボラを学校給食にでも取り入れてみてはどうだろう。自国の食文化を知り、海外へのお金の流出を食い止めるのは、親のみならず教師の役割でもあるのではなかろうか。

誰が何と言おうが、今年の冬もうまいトドを食べたい。

イラブーの威光

コブラはインドを中心とする南アジアに生息する毒蛇だが、日本にだって仲間はいる。「海に下りたコブラ」とも呼ばれるエラブウミヘビとその仲間だ。コブラ科に属し、咬まれると神経をやられ呼吸麻痺に陥る。産卵期の毒性はハブの六十倍に達する。

ウミヘビながら、産卵は陸に上がって行う。もともと陸に生息していたのが、島に取り残されたので海に餌を求めたのだろう。

地元の人は「イラブー」と呼び、滋養強壮剤「クスイムン」として古くから琉球王朝料理の食材に珍重されてきた。市場では今もトグロ状に巻いた燻製が売られている。健康に良いとされ、煮詰めて濃厚にしたスープは「イラブーシンジ」と呼ばれている。

性格はおとなしく、ちょっかいを出さない限り咬んだりはしない。トカラ列島の諏訪之瀬島で潜水調査中によくすり寄ってきたものだ。振り向くと足に密着して泳いでいる。浮上した時、頭に海藻がのっていると思って振り払ったら、厚かましくもイラブーだった。

内心死ぬほどびっくりしたが、その程度で慌てていたら仕事にならない。うじゃうじゃいる鮫だって、大きさによってある程度は無視しなければ、とても海には潜れない。

港湾工事で、建設会社の職員二人が小さな船の上で指示している最中、下に潜るとイラブーの小さいのがいた。つい悪戯心を起こして浮上し、「お土産」と言って船に投げ入れると、二人とも恐怖に顔が引きつり、ヘルメットと安全靴のまま「ワァー！」と叫んで海に飛び込み、「冗談キツイよ」とカンカンに怒っていたのを思い出す。まったく、イラブー様のご威光は凄い。

いつも一人で船を出し、島の周囲を潜って調べていた。黒潮本流の中心、周囲二十二キロで島民五十人の島だが、泳げる人はいない。海を恐れ、陸から釣りはしても海に入る習慣がないのだ。当然、漁船らしきものもない。島には、月に三回立ち寄る連絡船とのはしけ船が一隻しかなかった。国内でも最上段にランクされる僻地だ。電気や水道もなく、水も発電機も会社が持ち込み、島中をまかなっていた。

あるとき潜水調査中に、海底で見たこともないような巨大イラブーを見つけた。つかまえて船に持ち帰ると、長さ百五十センチ、重さは三キロ以上あり、胴の太さは腕くらいある。

クーラーいっぱいにとぐろをまかせて宿舎に持ち帰り、感心しながら観察していた時、同僚が鼻歌まじりでヒゲを剃りながら入ってきた。思わず隣にあった彼のベッドの毛布に隠したのがまずかった。腰かけようと毛布をめくった瞬間、彼は「ギャー！」という絶叫とともに部屋から飛び出し、しばらく帰ってこなかった。

巨大イラブーを民家に寄付してあげると、さっそく夕食のお誘いがかかった。

嫌がる同室の被害者を誘って訪問すると、その家の入口の戸板に幅二十センチ以上もの皮が干されていた。後で財布に加工するらしい。濃厚なスープと唐揚げをたらふくご馳走になり、同僚は恨みも忘れて焼酎を飲みご機嫌だった。

「体がポッポしてきて、イラブーは最高だなあ！」

食は人を幸福にする。

すり身は日本が誇る食文化

久しぶりにスーパーでかまぼこを買った。

裏を見ると、魚肉（たら）のほか、調味料、甘味料、着色料、保存料と、色々なものが入っている。わさび醤油で食べて、それなりにうまかったが、何か物足りない。原料が魚でも、魚を食べた気がしない。

今や、かまぼこ、ちくわ、はんぺん等は「練り物」という独立した食品で、何の魚かはあまり重要視されていない。しかも総じて安い。

数年前、反骨精神からか、むきになってすり鉢で魚をこね回した。子供の頃、九州の実家で食べていたアジのすり身が無性に食べたくなったからだ。さつま揚げも、いわしのつみれも、小田原の高級かまぼこも、わが胃袋を納得させられなかった。

見よう見まねで塩と卵白をほうり込み、すりこぎを駆使し、蒸して出来上がったのは、ボソボソのハンバーグだった。九州へ電話すると、一晩冷蔵庫で寝かせることで、あの独特の歯ごたえが出ることがわかった。

個人的な見解だが、アジのすり身よりうまい練り物には未だお目にかかっていない。

次にこね回したのはエソ。最高級かまぼこの原料と言われている魚だ。小骨が多いため人気がなく、釣り人も迷わず捨ててしまうが、かまぼこにするとタイもヒラメも敵わない絶品に変身する。実際にやってみてよく解った。もっとも最初はタイヤみたいに硬くて、とても食えたものではなかったが…。

よくエソを釣るマリーナの会員がいて、釣ってはその場で捨てていた。外道のエソしか釣れなかったというのが本当のところだが、かまぼこの味を知ってから彼はエソを捨てなくなった。むしろ、胸を張って「エソを釣って来まっせ」と言うようになったのはいいのだが、硬いかまぼこを食べさせられることを思うと、複雑な気持ちだった。

昔、かまぼこにしろ、ちくわにしろ、その土地で捕れた魚を早朝に仕上げて、朝早く店頭に並べていた記憶がある。現在のスーパー中心の食生活ではやむを得ないのかもしれないが、日本の食文化として考えると少し寂しい気もする。

先日、伊勢の練り物屋さんで、「原材料の解るものを作ってやろうじゃないか、おもしろい、まったく同感だ」と言う人に出会った。よだれが出るほどうれしかった。

地元でとれたアジのすり身を昔ながらの竹に巻き、炭火で焼いたちくわを早く食べてみたいものだ。プロの心意気に期待している。

漁師の話では、近年は魚が安くてどうにもならないらしい。漁獲量が増えたわけではないので、魚離れと、輸入が進んでいるのだろう。

こんな時こそ、地元の魚をふんだんに使った食文化を復活させてもらいたいものだ。

消費する側も一考して欲しい。現在の流通は企業だけでなく、消費者の責任でもあるからだ。

いずれ漁業では食べていけなくなるだろう。輸入に頼って地場産業が衰退し、その輸入までもが期待出来なくなった時、私たちが子孫に残せる食文化がひとつずつ消えていく。

サワラ賛歌

漁港に揚がったサワラを五匹仕入れてきた。

ブリはアジ科で、マグロやサワラはサバ科、つまり親分はサバになる。

サバはイノシン酸旨味成分ナンバーワンの魚だ。日持ちするマグロはそうでもないが、サバと同じように弱りやすいサワラも、それに匹敵するくらい旨味を含んでいる。

サワラの頭は体に対して小さい。胴体は長いから、魚の中では肉の歩留まりが一番良い。タイやスズキで四割弱、ブリで五割弱だが、サワラは六割にもなる。

サワラは「鰆」と書いて、春を告げる魚と呼ばれている。日本沿岸を回遊し、産卵のため瀬戸内海へ押し寄せるのが春だから、その頃が旬と思われているが、それは瀬戸内だけの話だ。

伊勢湾や東京湾にも回遊してくるが、秋に一番脂がのって美味しくなる。特に晩秋のサワラは、マグロのトロ並みにうまい。いろんな人に魚を食べさせたが、一番感激したのはサワラだった。どちらかと言えば、マグロは魚らしくないトロだが、サワラのトロは魚の味ムンムンだ。

大きなものは十キロ近くになり、サイズが大きいほど脂がのっている。

幼魚はサゴシと呼ばれ、脂はほとんどなく安価だ。真夏もサワラ漁は盛んだが、腹の部分は十分トロ並みで、焼くと脂がしたたり落ちる。サバに似て弱りやすいため、ほとんどが焼き物用として流通している。照り焼き、味噌漬けもおいしいが、醍醐味はやはり刺身。でも、鮮度が良くないと身割れして刺身にはならない。

サワラのうまさは、特に皮との境にある。タイなどでも皮付きの湯霜造り、焼き霜造りがあるように、サワラは「これに限る」というくらいうまい。皮を捨てるなんてもったいない。

ウロコがないから調理も簡単だ。ほかの魚は皮だけ焼いて氷水で急激に冷まし、水気を取って刺身にするが、サワラは氷水に入れないほうがうまい。水っぽくなってしまう。

だから生温かいまま刺身にする。寿司屋で見かけるトロのあぶり焼きのようなものだ。カツオでやっても構わない。背の部分をタタキにした後、程良い脂で旨味を堪能した。刺身の中で、野人が一番うまいと思っているのが、このサワラのタタキなのである。

一にサワラ、二にイワシ。と言っても、うまさは時期と大きさに左右される。決め手は脂肪分。脂の苦手な人は好まないだろうが、猪同様に脂は旨味の重要な要素を占める。肉は霜降り、マグロならトロを好む人のほうが多いように、肉食動物であれば当たり前の本能だ。

普段は淡白な白身魚も、産卵前になると脂がのってうまくなるが、これも地域やサイズで大きく左右される。フグやアンコウにはまったく脂肪がなく、たんぱく質の繊細な旨味だから比較は難しい。立派なサイズの近海本マグロの大トロが最も高価な刺身だが、理由は「とろけるようにうまい」から。でも「魚の味」はしない。生臭みが少ないから人気があるとも言えるのだが。

生臭さの元は粘膜や内臓にあり、身は本来まったく臭くないものだが、鮮度だけでなく「初期処理」が悪いと臭みが出て来る。弱りやすく傷みやすいことを「足が早い」とも言うが、その代表がサバやイワシやサワラだ。よほど鮮度と処理が良くなければ、刺身にはありつけない。

魚も肉も大型になるほど腐敗の「足」は遅くなり、食べ頃にする熟成期間が長くなる。

絶品ホウボウ寿司

綺麗なホウボウが釣れてしまった。

体は赤く、バタフライみたいに大きな羽（胸ビレ）は、鮮やかな青緑色で美しい。

どうしてこんな色が出せるのかと、いつも感心する。オスは浮き袋に空気を入れて「ボウ、ボウ」と鳴くからホウボウになったと言うが、何度聞いても「グウグウ」だ。

ホウボウはこのヒレを羽ばたかせ、ホバリングするように海底スレスレを泳ぐ。顔の横から少しだけ見えているあごひげ、いや触角で海底の砂をまさぐりながらエサを探すのだ。カニや海老が飛び出てきたらすかさずパクリ。甲殻類などを中心に、生きたエサを好んで食べる。

ホウボウの身は透き通ったようなアメ色で、白身の中では甘さと旨味は抜群だ。

この綺麗な羽も、死んで時間が経つほど色あせてくる。

同じように暖かい海面を周遊するシイラも、水の中と船に揚げるまでは美しいコバルトブルーの輝きを放っているが、すぐに色あせてしまう。透き通るようなイカ、クラゲや海綿の仲間…海の生き物は、海の中にいる時が一番美しく輝いている。

いつも心を痛めながらいただいているが、それが人間の感情というものだろう。

鮮度抜群のホウボウの刺身は、本当にうまい。幸せな気分になれる。三〇センチに成長するのに五年かかるくらいだから、その身はコクと甘味があって本当においしい。

寿司ネタで一番好きな白身魚は？と聞かれたら迷わずホウボウをあげる。味の繊細な白身の中では、一番甘さが際立つのではないだろうか。秋から春にかけて、寿司屋で新鮮で甘いホウボウを握ってもらうのを、毎年楽しみにしている。

魚は何でも好きだが、指名で心待ちにしているのは、夏のアカウニと冬のホウボウくらいだ。

ホウボウは吸い物にしてもその味は絶品で、マダイの潮汁にも匹敵する。マダイほどは脂が乗らないだけ負けるが、刺身の甘さなら引けをとらない。

フランスでは、マルセイユの港町で生まれた海鮮鍋ブイヤベースの代表魚で、これが入らないと物足りないらしい。やはりヨーロッパでもスープは評価が高いようだ。

鮮度の良い大きなホウボウを一匹購入して、身は刺身に、アラは吸い物にして食べることをお奨めする。

寿司屋で見かけたら迷わず「ほうぼう探して来たよ」と注文してみよう。

キョトンとされてしまうかもしれないが…。

桜鯛を潮汁で

英名では魚の名前はバラバラだが、日本では語尾に「タイ」と付く魚が多く、その数二五〇を超える。日本人の鯛への思い入れは相当なもので、同じような魚はほかに見当たらない。

タイの大安売りゆえに、勘違いする人も多い。防波堤で小さな魚を釣り「そりゃネンブツダイだ」と言われ、「えっタイ？嬉しい！」となってしまう。

「腐っても鯛」と言われるように鯛は崇拝されている。確かに魚の王様には変わりなく、祝い事には鯛と相場が決まっている。王様に対して女王と呼ばれる魚はシマアジだが、貴重な魚で馴染みは薄い。天然物の数キロサイズの味は時に鯛を上回る。

本来の鯛の仲間は数種類。マダイ、チダイ、クロダイ、ヘダイ、キチヌ、キダイ、レンコダイなどで、市場に揚がるものは限られている。アマダイやイシダイなどは別の種類だ。

主なところで、ブダイ、ハマダイ、マトウダイ、キンメダイ、キントキダイ、アオダイなどがあり、あまり市場に出回らない雑魚に至っては、数え切れないくらいある。食料にされないような魚まで片端から「何とかダイ」と付いているから紛らわしい。二、三文字で簡単につければ良いのに、やたら長ったらしくなって覚えにくい。

これだけ日本人に崇拝されてきた鯛だが、その本質を知っている人は少ない。

今は年中養殖鯛が出回り、味も季節を問わず安定している。クロダイは沿岸や河口を好み、スイカからトウモロコシまで何でも食べる雑食性だが、マダイの仲間は河口にはいない。深い場所では水深百メートル以上にも生息している。釣りでは二〇～八〇メートルが一般的だ。主食は甲殻類で、「海老で鯛を釣る」と言われるように、海老やカニ、イカや小魚を好んで食べる。各地には多くの伝統漁法が残っている。

マダイの旬は春。「桜鯛」と言われるように、桜が花咲く頃、深場から産卵のために浅場へ上がって来る。色も鮮やかな桜色で一番魚体が美しい季節だ。産卵に備えて荒食いしているからパンパンに太り、脂がのって最高の味になっている。他の季節とは比べられないくらいうまい。

産卵が終わり五月になると色もくすんで痩せてしまう。この時期の鯛はあまりおいしくないが、値段が変わらないのはやはりネームバリュー。腐っても鯛と言われるゆえんだろう。

秋頃から体力を盛り返してまずまず味が乗り、年末には価格が高騰する。

鯛のうまさは肉だけではなく、その真髄はアラにあると言っても良い。

刺身ならほかにうまい魚はいくらでもあるが、「潮汁」にすると鯛の右に出る魚はない。鯛の味を知るには吸い物が一番だ。

養殖鯛は手頃で良いのだが、天然に比べたら比較にならないほどの違いがある。価格は年間を通して安定しており、天然物の三分の一くらいで手に入るが、機会があればぜひ本当の桜鯛を食してもらいたい。

今はグルメの時代で、産直の通販でも高価な食材が売れている。

ブランド牛やカニも良いが、たまには手頃な桜鯛をお奨めする。

タラバはヤドカリ

「タラバガニはヤドカリ、ケガニやハナサキガニ、ズワイガニはカニ」昨夜この言葉を使ったばかりだったが、今朝同じ言葉をテレビで聞いた。野人が先日出た「遠くへ行きたい」だ。偶然とはいえ可笑しかった。

昨日の夕方、千葉から同級生が来て貝などを焼いて食べていた。ワタリガニを差し入れしたところ、カニの話になった。

何故ガザミの味が一番濃厚か、焼ガニの食べ方、甲羅の外し方などだ。

タラバガニはヤドカリと言ったら、奥様方が「え～そんなバカな、私たちそんなもん食べていたの?」と驚き、「ところでタラバガニって何?」とのたまう。あまり食わせてもらったことがないのだろう。おそらく何でも「カニはカニ」で胃袋に放り込んでいるのだ。食いっぷりから見ても、やはり人間バキュームだった。

ザリガニもうまいと言うと「え～食べたくな～い」。今度来たらこっそり調理して「幻の高級ガニ」として食わせてやろう。「さすが高級ガニね!」と感激するだろう。ヤドカリやザリガニは食うものではないと思っているようだ。そのくせカニのことは何も知らない。

上海ガニと日本のモクズガニは同じ仲間で、同じようにうまい。巨大なタカアシガニもヤシガニもヤドカリだ。これらのカニは「宿」の貝殻を背負っていない。

カニとヤドカリの区別は簡単で、爪を除いて足が四対あればカニ、三対のものがヤドカリだ。

サザエの殻を背負う大型のオニヤドカリもうまい。磯物をとってきて茹でて食べるとヤドカリも混ざっているが、気にせずバリバリ食べて良い。

サワガニは山村部でから揚げとして食べられているが、磯の石の下にいるカニもサワガニ同様から揚げで食べられる。ほとんどがイソガニ、スナガニだが、区別の必要はない。すり鉢で潰して味噌汁にすると濃厚でおいしい。

淡水のカニはジストマを持っているが茹でれば大丈夫。サワガニもモクズガニも同様だ。

磯の巻貝や小ガニは牡蠣同様子供にでもとれる。食糧危機が来れば非常食になるから覚えておくと良い。

知名度の高いフジツボも食べられるが、磯にあるものは海藻も含めて「全て食べられる」と考えて良い。草には毒草が混じるが、磯にはそれがなく、選ぶ必要はないのだ。

さすがは海と太陽の産物と言う気がする。陸の植物には薬も毒もあるが、海のものに毒を持って生まれるものはほとんどない。

フグ毒やシガテラ毒は、食べものが反応して合成される。だから養殖のトラフグは無毒だ。海水は全ての生物に優しいと言えるだろう。

しかし世の中には、海水の生命力より、人が合成した薬品や食品に頼る人のほうが多い。

海をきれいな形に戻して、もっとふんだんに海水を活用すべきだろう。

海水にお金はかからず、全ての人に平等に恵みをもたらすはずだ。

干し貝のススメ

海に囲まれた日本には、古くから海の食文化がある。

特にアワビは重要な産物で、神事のお供え物に用いられて来た。アワビをかつら剥きにして長く伸ばし、天日に干した「のしあわび」は、日持ちする上、栄養価も高い。

中世には武家の出陣や帰陣などの祝儀に使われるようになったが、戦場の保存食としても優れものだった。江戸時代には「長生きの印」とされ、慶事などの高価な贈答品として珍重された。

のしは元々「生ものを添えました」との意味があり、和紙に包んで贈答品に添えられていたが、目的は神仏への供え物なので、そのうちに生もの以外にも添えられるようになった。

現在では高価なアワビは使われず、形だけの紙になってしまったが、「のし」は敬意と感謝の意味で贈答品に使われている。

日本に限らず、乾物の食文化は世界各地にある。干物、干し椎茸、あおさ、昆布、切干大根…。保存目的だけでなく、干すことにより旨味が増すからだ。

中華料理では干しアワビや干しナマコ、干し貝柱、干しエビなどがよく使われる。日本でも干物やチリメンジャコなどの魚は日常使われているのに、「のしあわび」とまではいかないまでも、なぜ「干し貝」があまり料理に使われないのだろうか。せいぜいホタテの貝柱くらいだ。

グルタミン酸は昆布、イノシン酸はカツオ節、グアニル酸は干し椎茸、貝類の旨味のもとはコハク酸だ。これら四つの旨味が揃えば、さらに深い味が出るはずだと思うが。冬の海鮮鍋やブイヤベースのように、魚にエビ、カニ、貝が加わると、強烈な旨味のスープになる。日本の鍋はダシに昆布を使うから、「旨味勢揃い」の究極の味だ。

干し貝をもっと日常の料理に取り入れても良いのではないだろうか。「昔からこうして来た」と伝統を重んじるなら、昔の人は「干しアワビ」の味を頂点にしていたのだ。

高価なアワビはやはり刺身かステーキなどで食べたほうが良いだろうが、アワビに限らず日本は貝の種類と使用量は世界一だ。干し貝は幾らでも出来る。二枚貝ならアサリがあり、のしに剥くならニシ貝やサザエでも構わない。

干し貝の特徴は、カツオ節や昆布など、旨みを抽出したのち取り出す「ダシ」目的のものと違い、干し椎茸と同様、そのまま食べても美味しいところにある。つまり「ダシと具」の要素を兼務している。

炊き込みご飯も、生の貝より干し貝のほうが味が濃い。煮ればそのまま具になり、絶品の吸い物にもなる。アワビでなくとも十分うまいことは確かだ。

スルメイカも戻して、イカ大根などの料理に使ってみると良い。焼いて食べるばかりでは顎が疲れるだけだ。イカ飯やタコ飯も乾物でやれば一味違う。

以前、干しナマコを作ってみたが、中華のみならず、和食や洋食にも合う。

祝い膳に「のしあわびめし」があっても良いと思うのだが。

慣例や常識ではなく、食材の本質を見れば、料理の幅が広がることは間違いない。

関西では嫌われ者のネズミゴチ

正式名称はネズミゴチだが、同じ仲間のヌメリゴチとそっくりで、釣り人の間では双方とも「メゴチ」と呼ばれている。

ただし、メゴチという魚はほかにいるのだが…。

この魚がまた嫌われ者で、釣り人の九割方が釣っても捨ててしまう。

特に関西では「ガッチョ」とバカにされ、防波堤の上でよく干からびている。関東では天ぷらのタネとして重宝されているというのに。いずれにせよ釣り人には歓迎されないキス釣りの外道で、狙って釣る人はまずいない。

何故それほど嫌われるのか。実験するとわかるのだが、猫がその臭いを嗅ぎ、目をしばつかせて嫌な顔をしながらまたいで通るという筋金入りの「猫またぎ」なのだ。エラブタからは鋭いトゲも突き出ている。

どんな魚も、皮膚をぬめりで細菌からガードし、それが生臭さの原因になっているのだが、この魚のぬめりの臭さは半端ではない。粘っこく糸を引くうえに強烈に臭いのだ。

手を洗っても、臭いもぬめりもなかなか落ちない。釣具店には、この魚専用の「メゴチバサミ」まで売っているくらいだ。

キスだと思ったらヌメリゴチ。忌み嫌われて当然だが、実はこの魚、滅法うまいのだ。

ヤマハ元社長の川上源一氏は、ヌメリゴチの「握り寿司」が大好物だった。刺身にしても、どんな魚にも引けは取らない。臭いのはぬめりと内臓だけで、白く透き通った身は絶品だ。鮮度の良い魚で「身が生臭い」魚なんて存在しない。調理の時に、内臓やぬめりの臭いが包丁やまな板に残るから臭いのだ。しっかり洗えば問題ない。

寿司ネタに大型でぬめりのない「マゴチ」があるが、それと比べても決して見劣りしない。むしろうまいかも知れない。釣り味はキスに敵わないが、天ぷらにすれば一目瞭然だ。食べさせると、必ずヌメリゴチに軍配が上がる。長い間天ぷら船を運航していたじいさんも保証するくらい間違いない。余るのは決まってキスのほう。

寒ボラの刺身が、天然マダイに勝つようなものだ。

関東ではヌメリゴチを味で重宝し、関西では味よりも、臭さと、がっかりする釣りの外道として嫌った。味を知る人だけが大切に持ち帰る。

その反対に、関東では嫌うベラを、関西人は好む。うどんのつゆにせよ、うなぎの焼き方にせよ、すき焼きにせよ、魚にせよ、西と東では味覚も価値観も異なる。

見た目が良くない野菜はスーパーで主役になれないが、綺麗なシソ、パセリ、セロリは、残留農薬の王様だ。消費者が綺麗な野菜を求めるから仕方ない。

見かけの美しさより、野菜の本質を見抜く目を磨いたほうが良いのではないだろうか。

人間も同じだ。綺麗な花にはトゲがあり、甘い言葉の裏には毒がある。

酷い目にあって、はじめてそれがわかるものだろう?

淡泊な魚をおいしく…タイ料理の知恵

アジアの食材を求めて十三年ぶりにタイを訪ねた。

香港、台湾へも行ったが、東南アジアの人たちは概して魚介類の調理が上手だ。

日本人は素材の持ち味を引き出すことに長けているが、彼らはどんなものでも簡単に調理して、おいしく食べる。なんでも放り込んで、スパイス、タレを上手く使っている。日本ほど四季の差がないから、旬にはそれほどこだわらない。

あるレストランで出された魚の丸揚げに、唐辛子のタレをつけて食べた仲間が、感激して魚の名前を訊いてきた。それは日本の池などにも生息するライギョと言う肉食魚で、日本ではあまり食用にはされていない。

フライやムニエルなどを食べた時、魚の名が解る人はあまりいない。白身だとなおさらだ。

最近、海外の聞いたことも無いような魚が出回っているのに、相変わらず国内では魚のランク付けが横行し、偏見から不等に扱われている魚が多い。名前で差別するのは自身の未熟さにほかならないのだが。

自然界の生き物はすべて己の舌で判断している。最後は好きか嫌いかだけである。

タイにはオリエンタルホテルがある。アガサ・クリスティをはじめ世界中の著名人に愛され、十年間世界ホテルランキング一位に君臨していた歴史あるホテルである。

友人でもある同ホテルのタイ料理総料理長ヴィチットを久しぶりに訪ねた。彼は二十代で料理長に就任しただけあって、その感性はすばらしいものがある。特にエビ料理は強烈な印象が残っている。前回の訪問で、タイ国運輸大臣夫妻にもてなされた時の料理もすばらしかったが、その後に訪ねたオリエンタルで、ヴィチットに無理矢理食べさせられたエビ料理には感激した。

もともとエビはあまり好きではなく、満腹感もあっていやいや食べたのだが……それ以来タイ料理にのめりこんでいった。

ヴィチットの両親はパタヤで小さな食堂をしている。前回、実家まで案内されて、色々なものを食べさせられた。器は無造作に竹を切ったもので、お世辞にもきれいとは言えなかったが、素朴な家庭料理にタイの食文化を感じた。

沖縄をはじめ南国の魚は、水温や餌の影響で味が淡白だから、素材の持ち味を引き出す日本料理にはあまり向いていない。それをおいしく食べる術を持つアジア諸国には、見習うべきものがある。

米一つとっても同じことが言える。以前、不評を買ったタイ米は、タイの人たちに欠かせない食材の一つで、チャーハンは、タイ米のほうがあきらかにうまい。サラサラした食感にメンバーの全員が感激して追加注文し、行く先々で食べ比べたほどだ。べっとりとしたチャーハンほど舌触りの悪いものはない。

私たちは、食文化の違いからタイ米はおいしくないと判断し、タイの人々の感情を傷つけた歴史を持っている。同じアジア人としてもう少し国際的視野を身に付ける必要があるのではないだろうか。

ブリ三兄弟

団子三兄弟ならぬブリ三兄弟というのがある。

ブリに近い仲間で、カンパチとヒラマサが兄弟だ。漢字では、鰤、平政、間八と書く。ヒラマサは一見ブリと見分けがつかず、エラの一部の形で見分けるしかない。そっくりさんなのだが、ヒラマサの身はブリとはまったく違う白い身だ。

カンパチはやや平たく、シマアジみたいに巨大になる。カンパチとヒラマサは暖かい海の魚で、ヒラマサの旬は夏だ。しかし両者とも年中うまいことに変わりない。

ブリの稚魚は東シナ海で生まれ、潮に乗って日本列島各地の沿岸で育つ。寒ブリと言われるように冬に脂がのるが、それ以外の季節はさっぱりして今ひとつだ。

刺身の味は、正直比べ物にならないくらいカンパチとヒラマサのほうがうまい。並べて食べさせると必ずブリが残る。価格も、ヒラマサとカンパチはブリの二倍近い。

野人もブリの刺身は天然ものでもあまり食べないが、天然のカンパチとヒラマサは大好物だ。違いは、ブリの脂はしつこく口に残り、三切れ食べたらもういらないが、カンパチとヒラマサはスーッと溶ける脂で、いくらでも食べられる。

味も文句なく、脂がのらない季節でもブリよりはうまい。

屋久島をはじめ、東シナ海の島々を走り回っていた頃、カンパチは日常釣っていた。ヒラマサもトローリングでたまに釣れたが、ブリは一匹も釣れなかった。

ブリの幼魚で数十センチのものをイナダと言うが、カンパチはシオと言う。シオは脂が少なくてもイナダよりはるかにうまい。味と漁獲量の違いが、如実に価格に表れている。

養殖もののカンパチが出回り、最近はヒラマサまで出回り始めた。ブリと同じように養殖されているのだが、養殖カンパチとヒラマサの味は天然物に近い。

要因は、やはりしつこくない脂の質にあるのだろう。

野人はブリが嫌いではない。刺身はあまり食べないと言っただけでブリは大好物だ。

日本一と太鼓判を押す料理がある。それは誰もが知っている「ブリ大根」で、これはブリでしか出せない味だ。ブリよりもむしろ大根のほうがたまらなくうまくなる。ダシになるくらいだから、ブリは濃厚な味を持て余しているのだろう。

もう一つの料理法は、あまり知られていないが「塩ブリ茶漬け」だ。ブリに塩を当てて「荒巻き鮭」のようにしたものだが、これを焼いて茶漬けにすると、鮭など足元に及ばないくらいのうまさ。

野人の中で茶漬けベスト一はこの塩ブリ茶漬けで、二番目はやはり…キャビア茶漬けかな。カンパチ茶漬けも遠く及ばない。

やはりブリは刺身より、煮たり焼いたりしたほうが真価を発揮するようだ。

アカニシはお買い得

アカニシという貝がある。内湾の浅い泥混じりの磯や浜に多い。

潮が引いた磯には、ニシガイの仲間で五センチ以上になるレイシガイ、小粒なイボニシが生息している。子供の頃はそれらをよく獲っては茹で、針でくり抜いて食べたが、ほのかな苦味があってうまかった。

イボニシは、貝の裏側が黒いのが特徴だ。

ニシガイは、ほかの貝に穴を開けて消化液を注入し、溶かした身を吸い出して食べる。ほかの貝にしてみたら「天敵」だ。大型になるホラ貝も同じで、やはり貝を好んで食べる。

アカニシはサザエなどと違って、初心者でも比較的簡単に浅瀬で獲れる。小さなものはアサリなどと一緒に、大きなものは六百グラムから一キロ近いものまで、潜って獲れる。

あまり市場には出回らないマイナーな貝だが、味は悪くない。昔はその身を「サザエのつぼ焼」と偽って売られていた時期もある。知名度が低いと当然価格は安くなる。

小さなものは茹でて食べるが、大きなものは刺身が一番だ。

尻尾には苦味があるのであまり食べないが、中心の白身は驚くほど甘くて柔らかい。高価なミル貝のような味で、サザエやアワビにはない甘さがある。足の部分はやや硬いが、コリコリとした歯ざわりでなかなかイケる。

刺身にするには、尻尾の部分から順にカナヅチで割れば良い。

日本海にはこのアカニシを名物料理にしているところもある。店で見かけたら、買い得の貝と言えるだろう。参考だが、先日の市場の価格でアカニシは一キロ九百円、サザエは千四百円、トコブシは三千五百円、アワビは八千円だった。店頭では当然もっと高くなる。

名前で選べばアワビだが、黙って食べ比べたら、甘さでアカニシに軍配が上がるだろう。野人は子供の頃からアワビを獲って、イヤになるほど食べてきたが、価格ほど味に差はない。

ちなみにアワビの一番不味い食べ方は「刺身」だと思っている。

テレビ番組では「いや〜コリコリしておいしい！」とグルメレポーターが必ず言うが、貝はすべてコリコリしている。アワビの刺身を甘いと言う人はいない。アワビは高価だからうまいはず、という先入観がそうさせているのだろう。

アワビのうまい食べ方は、大きなものも殻ごと煮て食べるかステーキだろう。バターソースとの相性がすこぶる良い。

刺身で甘いのはミル貝かアカニシだ。

今度、知人にアカニシの刺身を「千個に一個の甘アワビ」と騙して食べさせてみるか…。

タチウオの銀粉

知人からいただいた太刀魚を、昨夜は刺身と潮汁にした。
釣ってすぐ適切に処理された魚は、翌日でも刺身で美味しく食べられる。
バター焼きで、柔らかい肉質のイメージがある太刀魚だが、刺身で食べると歯ごたえがあり、脂が乗って本当にうまい。

銀色の細長い体が、太刀に似ているところからこの名が付いたが、昼間は深い泥底で、尾を海底に突き刺すようにして、上を向いて立ち泳ぎしている、だから「立ち魚」でもある。

太刀魚は夜間に海面まで上昇し、小魚を追う獰猛なフィッシュイーターで、鋭い歯に普通の仕掛けでは太刀打ち出来ず、プツンプツン噛み切られてしまうので、金属の擬似餌やワイヤー糸などで釣る。

ウロコがなく、全身がグアニンと言う銀粉で覆われているが、触るとはがれやすい。ちなみにこのグアニンは、口紅やマニキュアの原料としても使われている。

銀粉は表皮の一部で、次々と新しく作られてせり上がってくる。これで雑菌から身体が守られているのだ。銀粉層が取れて皮膚が露出すれば病気で死んでしまう。ほかの魚も、表面の粘膜やウロコがはがれれば菌に侵され、生きては行けない。

陸上の動物や植物は粘膜やウロコの代わりに、表皮とそこに住み着く微生物に守られている。
野人はそこから学んでもう数十年、石鹸で肌をこすることはしない。それで風邪もまったくひかなくなった。

石鹸で表皮まで毎日こすり落とせば、風邪のウィルスや雑菌に負けて熱が出るのは必然だ。紫外線にも耐えられなくなり、アトピーにもなるだろう。石鹸を使うのは自由だが、それは自滅するようなものだ。

一見不要に見えるガサガサの木の皮も、人の垢も必要なもの。層が下から補充されて、不要になれば自然に水で流れるようになっている。それが進化した生き物の「仕組み」なのだ。

太刀魚は白身で淡白な味のイメージがあるが、大きくなるとマグロのトロのように脂肪分が多く、DHAやビタミンDを大量に含んでいる。鮮度と処理が良ければ刺身が一番。銀粉を金たわしで落とし、三枚におろす。薄皮をひくと身が三本に分かれるからぶつ切りで良い。

学生の頃、薄皮どころか銀粉ごとぶつ切りにして刺身で食べたことがある。醤油に銀粉が浮いて不気味だったが、うまかった。薄皮も適度な歯ごたえになる。下痢はしなかったが、銀粉だけは落としたほうが良いだろう。

骨は捨てずに骨汁にする。二十分以上煮出すと、マダイに負けないくらい最高の味が出るのだ。コブだしに粗塩だけで十分うまい。仕上がりに、刺身の端の腹肉などを放り込む。白湯スープのような、太刀魚の「潮骨汁」の完成だ。

赤白青

赤身魚、白身魚、青物とはよく言われるが、まぎらわしい場合もある。

赤身魚とは主にカツオ、マグロのこと。常に潮流の速い外洋を泳ぎ続けるので、筋肉を使うから血液にヘモグロビンが多く、身が赤くなってしまうのだ。

珊瑚礁の魚などは岩陰で眠るが、カツオやマグロは泳ぎながら眠っている。はるか外洋だから、居眠り運転でも岩にぶつかったりしないのだ。

白身魚はその逆で、あまり回遊せず海底にじっとしている。カレイやヒラメ、カサゴにアイナメ、メバル、オコゼ、クエやハタなどがそう。カワハギはやや動き回るが、あまり速くは泳げず、水中に停止していることが多い。スズキも回遊はするが、じっとしている時間が長いせいか白身魚だ。

中途半端なものにタイやイサキ、ボラがある。どちらかと言えば白身だが、赤身も混じっている。動いている時間がほかの白身よりも多い「半回遊性」だから、身は紅白色だ。

青物という呼び名は、それらとは意味が異なる。赤身白身は肉の色の区別だが、青物とは身ではなく、背中の皮が青い魚のことだ。

青物は中層から水面近くまで行動範囲が広い。背が青や青緑色なのは、保護色になって鳥から見つかりにくくするため。イワシやサンマ、サバやアジ、トビウオなどがそうだが、トビウオは綺麗な白身で、アジやイワシと同じように干物にされるカマスも綺麗な白身。サケはオキアミを食べるから身が赤くはなるが、本来は白身の魚だ。

巨大な青物にブリがある。水深百メートルから水面まで自在にエサを追うのだが、さすがに十キロのブリを襲う鳥はいない。

それでも「モジャコ」と言われる稚魚は、東シナ海から海面の流れ藻に隠れて北上してくるから鳥に狙われやすく、背中が海面と同じ色をしているのはそのため。モジャコ漁専門の船があり、ブリの養殖にはウナギと同じように天然の稚魚が使われる。ちなみにマダイ養殖は、孵化させた稚魚から。

赤身や青物の魚の味は比較的判別しやすく、イワシやアジ、カツオやマグロなどは誰にでもわかるが、白身魚の微妙な味は判別が難しい。どれも似たような味なのだが、それぞれ微妙に異なる。

脂のない河豚の身に人気があるのは、その歯ごたえだけでなく、独特の繊細な旨味だ。ヒラメにはヒラメの、カレイにはカレイのうまさがあり、どちらが優れているとか、価格で決められるものでもない。

野人の白身の好みは、刺身ならカワハギ、クエ、メイチダイ、イサギ、カレイ。握り寿司ならナンバーワンはホウボウで、二番目は活きたメバル、三番目は活きたカレイだ。カウンターで握りたてを食べれば、ほど良い温度の寿司飯とマッチしてたまらなくうまい。

激ウマだが猛毒を持つオコゼ

海のゴジラ・オコゼ（虎魚）は、強烈な毒針を持つ。オニオコゼのほか、ダルマオコゼ、オニダルマオコゼなどが食用にされている。

一般にオコゼと言えばオニオコゼのことで、三〇センチほどにしかならないが、非常に高価な魚だ。

危険でさばき辛い魚だから店頭では扱われず、フグ同様、専ら料理人の食材で、その刺身には独特の旨味があり、汁にすればもうたまらない。早い話が、野人の大好物だ。フグよりもこちらのほうがいい。アンコウとフグの良いとこ取りをしたような魚と思えば良い。

「おこ」の意味は、顔が愚かで奇怪。つまり、鬼のように醜い顔した魚と言うことになるが、顔で味を判断してはいけない。

「山の神にオコゼ」は御伽草子にも出て来るが、山の神は女性で、醜かったからヤマノカミになったと言うのだが、その大好物がオコゼだったらしい。

しかし実は「この魚のほうがブサイクですよ」と山の神に配慮した供え物でもあったようで、鈴鹿や尾鷲では、今でも山の神祭りにオコゼが供えられている。

エイ以外の、海の毒針のほとんどを体感した野人は、もはやクラゲなどは気にもしないが、オコゼの毒だけは御免こうむりたい。背びれには猛毒があり、刺されたら手がグローブのように腫れあがり、激痛でしばらくは使い物にならない。

小型のハオコゼにも刺されたが、痛さは「蜂」の比ではない。

釣れたハオコゼをそのまま振り回し、いなくなったので空を見上げたら…鼻の上に落ちて来たのだ。あとは想像にまかせる。私の顔は、オズの魔法使いになってしまった。

もしも刺されたら、すぐに毒を吸いだせば良い。オコゼもムカデも同じだ。しかしさすがに鼻の上にまでは、野人の口も届かなかった。

オコゼを調理する時は、背びれを慎重にハサミで切るが、切った刺も慎重に処理する。危険物には違いないからだ。

うまいものを食うのにリスクはつきもの。

フグだってマムシだってサソリだって、猪だって…。

ウナギが食べられなくなる日

日本人の胃袋は凄まじい。

マグロやエビやカニなど世界を食べ尽くすといわれるが、最近話題になっているのはウナギ。世界の七割近くを日本人が胃袋におさめているという。

これではクジラ、マグロに次いで、世界からの風当たりはますます強くなる一方だろう。

ヨーロッパではウナギが極端に減ってきている。毎年川に上るウナギの量は、最盛期の五％足らずとなり、禁漁・禁輸の動きが高まってきたが、その要因は日本にある。

九〇年代末からヨーロッパのシラスウナギが大量に中国へ持ち込まれ、養殖され、蒲焼の状態で日本へ輸出されるようになった。当時の中国での養殖量は、日本国内での八倍にもなったという。その頃からだ。高価だったウナギがスーパーやコンビニの弁当として安く出回るようになったのは。

ウナギの減少は地球規模で進み、アメリカでも政府が絶滅危惧種に指定することを検討し始めた。ダムや河川工事などの環境破壊も原因のひとつだが、やはり乱獲が大きな要因を占めている。毎年大量の稚魚を世界規模で捕獲しつづければ当然のことともいえる。

ヨーロッパのウナギが禁漁になれば、日本市場は大混乱必至。スーパーの店頭からウナギは消え、昔のように専門店でしか食べられなくなるだろう。手頃な価格のスタミナ源が、松阪牛並みに高騰するのは辛い話だ。

深海で産卵を行い、世界各地の山の上まで上って行くウナギの生態は、いまだ未解明な部分が多く、人工孵化に成功したとはいえ、まだまだ商業ベースには程遠い。

子供の頃、ウナギはいつでも川で簡単に捕れた。それが今や希少品になりつつある。長く食べ親しんだ天然ウナギが捕れなくなるのは寂しい。

ウナギの味わいは、天然ものに優るものはないと思っている。

脂を自在に調整できるほど養殖技術は進んだが、天然なら五年かかるサイズに一年未満で太らせるため、肉質に差が出てしまう。今のような形で、スーパーなどの店頭で売られているのも感心しない。加工、流通経路にも問題はあろうが、正直まったくうまくない。「ウナギのような味」としか言いようがなく、何とももったいない。

このままいけば消滅は目に見えているが、ウナギのためにはそのほうが良いのかもしれない。

近年、日本では九州で養殖が盛んに行われているが、消費量は東海地方が抜きん出て多い。三重県の津市は人口当たりのうなぎ屋の数、消費量、共に日本一らしい。住民がうなぎ好きなのか、優れた調理技術に近隣からの客が多いのかはわからないが、おいしいウナギを食べる文化を持っていることには違いない。ならば、さらにおいしい天然ウナギをどうか普及してもらいたい。それが、本来のウナギに目を向け、さらには自然環境に関心を持つことにつながるはずだ。

はるか彼方の深海を旅立って目的地へたどり着き、川から湖、池から山へ。そしてまた、産卵のため遠い故郷の深海へ——ウナギは自然循環そのものだ。

神秘的な生命力のウナギを、敬意を持って迎えたい。

魚ろっけ

小さい頃から食べなれた食品に「魚ろっけ」がある。魚のすり身に野菜と唐辛子を混ぜ、パン粉をまぶして揚げたものだ。家が食品店をやっており、手伝いをしていると、朝はほとんどの人がぎょろっけを買いに来ていた。朝食のおかずか、弁当に入れるためだ。

当時の記憶では、ポテトコロッケは食べたことがなかった。わが郷里では、ぎょろっけをコロッケと呼んでいたから、当然それと信じて疑わなかった。中学の時だったか、ポテトコロッケを扱うようになり、こんなに旨いものが世の中にあったのかと感激した。こっちが本物のコロッケだと聞かされ、「じゃあ、今までのは何だったんだ?」

そこで初めて、ぎょろっけの特殊性に気付いたわけである。

以来ぎょろっけを少しバカにしていたが、当たり前のコロッケに慣れてくると、ぎょろっけをまた意識し始めた。よくよく考えたら両方うまい。コロッケを煮る人はいないが、ぎょろっけは身崩れしないから、煮付けて弁当のおかずにもなる。焼いて醤油をかけてもいける。海や山へ行く時は、こっそり自店から掠めて持参した。

進学で郷里を離れてから、ぎょろっけが何処にも売ってないことを知った。友人に聞いても「そんなもん知らん。変なものを食ってたんだなあ」と怪訝な顔をされてしまった。

その後、インターネットで調べて理由がわかった。

ぎょろっけで検索すればわかるが、大分県津久見市だけの食べ物だったのである。ほかに「魚ろっけ」と書く中身が同じものは、佐賀県唐津市と山口県萩市にある。つまり全国で三箇所にしかなかったのだ。

ギョロッケのドメインは、津久見市の製造会社が持っている。地域に密着したその味は一九四〇年頃に開発されたらしく、今では一日に一万個近く製造されているようだが、津久見の人口は二万人だから、県内外の各地からも引き合いが来るのだろう。

ここでひとつ、疑問に感じたことがある。パン粉を使ったフライとして考えると、豚肉はトンカツ、魚は白身フライなど、素材そのものを揚げる料理は昔からある。すり身やミンチの分野では、肉にはメンチカツがあるのに、魚には何故なかったのだろう?

天ぷらやはんぺんは日常的に食すし、蒲鉾や竹輪は昔からある。さつま揚げのように、野菜などを混ぜた練り製品も各地にはたくさんあるのに、何故フライがないのか不思議でならない。海の幸豊富な伊勢志摩なら、あってもよさそうなものなのに。

そう考えると、津久見や唐津や萩の人々の思考回路のほうが当たり前に思えてくる。唐津は武士道のルーツ「葉隠れ」発祥の地で、視点が鋭いのかもしれない。

映画「グランブルー」のモデルで、イルカをこよなく愛したフリーダイビングの世界記録保持者ジャック・マイヨールは唐津が好きで、第二の故郷にしていた。

武士道精神で集中力を養い、イルカとともに「魚ろっけ」を食べていたのだろうか。

屋久島の首折りサバ

サバの食べ方として定着しているものに、塩サバ、味噌煮、しめサバなどがあるが、刺身はあまり聞かない。

「サバの生き腐れ」という言葉があるように、海から揚げると急速に鮮度が落ちるからだ。魚の中ではナンバーワンだろう。寿司屋でもしめサバで出すように、生で食べることはあまりない。そのサバを、連日刺身で食べたことがある。毎日がサバ刺しだ。

今から三分の一世紀むかし、屋久島に二年間住んでいた。屋久島には屋久杉の原生林があり、世界遺産に指定されている。車で一周四時間ほどの島だが、二千メートル級の山が連なり、九州でも一、二番を占めている。頂上は亜寒帯、中腹は温帯、海岸部は亜熱帯で、雪とバナナと珊瑚が同時に見られる神秘的な島だ。洋上アルプスとも呼ばれ、私が住んでいた頃は、人二万、サル二万、鹿二万、山の客二万、釣り客二万と言われていた。

一奏港を拠点に、離島不定期航路の船長、調査ダイバー、釣りのガイドを仕事にしていた。カツオ、マグロ、石鯛、カンパチ、カジキなどがよく釣れた。トビウオとサバ漁が盛んで、一奏漁港にはサバ節工場もあった。

余談だが、工場排水口近くの川で、アミえびを撒き餌に、アジ用サビキ仕掛けでよくアユを釣って食べた。屋久島の人はあまりアユを食べず、サバの刺身を好む。

サバには一般的なマサバとゴマサバがある。ゴマサバは腹部の斑点と体型の丸さで区別できる暖流系のサバである。

屋久島のサバはゴマサバで、夏が旬だ。伊勢志摩でもたまにサバの刺身にお目にかかるが、ゴマサバは生では食べない。屋久島では、そのゴマサバを毎日刺身で食べた。脂がのり、正直マグロやカンパチよりはるかにうまかった。会社の事務所兼社宅には連日、漁師などの客が訪れた。「焼酎」と「サバ刺し」は必需品で、本社を説得し、それは交際費として認められていた。「なぜ、あたらない？」漁師に聞くと、「焼酎で消毒するから」との答え。

子供だって大昔から食べていたはずだ。

刺身用のサバは「首折りサバ」と呼ばれ、大量に加工するサバ節用と区別されている。

釣り上げると尾びれを脇に挟み、暴れさせない。エラに親指と人差し指を差込み、一気に首を折り海水氷に入れる。「サバ折り」の語源だ。体内に血が回らないように固定して、即死、血抜き、急冷しているのだ。当時それほど大きくない首折りサバが一匹千円と高かった。大量に水揚げされるサバは大雑把に数える。「サバを読む」の語源だが、首折りはサバを読まない。

マグロもカツオもサバ科の魚だから、サバは小さくても大親分ということになる。泳ぎ続けるため運動量が多く、血合いも多い。旨みのもとになるイノシン酸の含有量も、カツオ、イワシを押さえてサバがトップ。料理人は鰹節とサバ節を使い分けている。

伊勢志摩で何度か釣って食べたゴマサバは、屋久島のと違って脂がなく、あまりうまくなかった。食の世界すべてに当てはまるが、同じ種でも、いつどこでどのようにして食べたかで、味はまったく異なってくる。一度食べたくらいで判断してはいけない。

水槽で活かしたホシガレイ

カレイは昔から随分釣って食べていた。

代表的なものはマコガレイで、中部以南ではほかにマガレイ、イシガレイ、メイタガレイなどがよく獲れる。このうち野人が好きなのはメイタガレイで、活きたこのカレイの握り寿司は、ホウボウの握りと並ぶ白身魚の好物だ。

先日ホシガレイを初めて食べた。重さは七〇〇グラムとかなりの大型。漁協の生簀に一匹だけ発見し、友人の仲買を通してお値打ち価格で手に入れたのだ。長年海に生きてきた野人が、初めて見たくらいだから「幻」と呼ばれるのも無理は無い。寿司ネタとしては最高ランクで、時にはヒラメよりも高価になり、一キロあたり一万円を超えることもあるらしい。

買ってはみたものの、シルバーウィークに入り、多忙すぎて食べるヒマがなく、水槽に入れっぱなしで一週間以上活かしていた。そのせいか、まあうまいことはうまいのだが、本来の味も脂も抜けてしまったようだ。

こうなっては新鮮なメイタガレイやマコガレイのほうがはるかにうまい。次にいつお目にかかれるかわからないが、その時はすぐに食っちまおう。

もう随分昔のことだが、活魚の生簀での生存日数と味の変化を数年がかりで実験したことがある。主な対象魚はマダイ、イサキなど。季節にもよるが、魚は三日活かすと味が落ち、一週間で本来の味がしなくなることがわかった。野人だけでなく、魚好きな何人かの男にも食べさせて確かめたのだ。あまり動かず、もともと脂も少ないカレイやヒラメ類は大丈夫だろうとタカをくくっていたのだが、例外ではなかったようだ。

野人は街中の料理店では水槽の活魚を食べない。期待外れが多いからだ。漁港からの輸送に耐えられるのは、大半は傷のない釣魚だ。しかも馴染むまで生簀で馴らされる。さらに店頭の水槽で何日生きたのかわからない。味としては期待出来ないが、鮮度と歯ごたえを味わう良さはある。

魚の種類は同じでも味は一律ではない。時期、海域、雌雄、大きさの他、食べたエサにもよる。さらに活魚なら活かした日数、鮮魚なら処理の仕方で天地ほどの差が出る。

網でとれて船ですぐに氷絞めしたものと、釣って活かして即死、血抜き、急冷したものとでは、味も価格も数倍異なる。

暴れて体中に血が回った前者は当日の夜でも生臭く柔らかく、影響がないのは数時間くらいだろう。後者は翌日でもプリプリとした刺身がおいしく食べられる。

それほどの差があることを知る人は少ない。

どんな肉でも血が回れば食べられたものではない。本来は生臭い刺身などはない。生臭いのは血が抜けてないか、処理時に皮膚のぬめり、あるいは内臓の臭いが付着してしまったからだ。

アワビとトコブシ

アワビとトコブシの違いがわかる人は意外と少ない。

一見では見分けがつかず、いつも食べ比べていないと味の違いもよくわからない。

見分け方も味の違いもわかるという人は、よほどの食通だ。伊勢志摩は魚介類の宝庫だが、地元でもすべてを食べ尽くしている人はいないだろう。中でもアワビは食材の王様級で、そういつでも口にできるものではない。

北の海のエゾアワビを除き、伊勢志摩のアワビには三種ある。刺身用で高価なクロアワビ、深い所に生息し、加熱すると絶品のマダカアワビ、加熱してまあまあおいしく値段も手頃なメガイアワビとて刺身でも十分にいける。クロアワビは「雄貝」、メガイアワビは「雌貝」とも称され、海女祭りの神事には欠かせない。メガイの殻は赤味を帯びているため、「クロ」に対し「アカ」とも呼ばれる。アワビは、耳の形に似ているところからミミガイ科に属するが、れっきとした巻貝だ。進化してフタはないが、渦巻きの名残はちゃんと殻に残っている。

古くは、秦の始皇帝が不老不死の妙薬を求めて差し向けた「徐福伝説」にもアワビがその対象とされ、また万葉集にも歌われている。「磯のアワビの片思い」とは、二枚貝のように殻が双方なく、一方の殻で岩に精一杯吸い付いてるから。それを未練がましいと言ったら、あまりにもアワビが可哀想だ。

トコブシは岩床に伏してるから「床伏し」、別名「フクダメ」とも呼ばれる。またアワビと違って逃げ足が速いところから「流れ子」とも呼ばれている。アワビと同じ仲間だが、せいぜい十センチくらいまでにしかならない。料理店では、よく殻ごと甘辛く煮たものが「付き出し」として出されるが、身も肝も大変美味しい。

手っ取り早い見分け方は、呼吸する水門の穴だ。アワビは殻の上に突き出しているが、トコブシに突起はなく、ただ小さな穴が空いている。穴の数はアワビが四~五個で、トコブシが七~八個だ。触ってつんつるてんだったらトコブシと思えば良い。当然水中でこの穴を塞がれると、アワビもトコブシも苦しい立場となる。

その弱点を見抜いたのが、誰もが知ってるあの「タコ」だ。タコの好物は、何とアワビにトコブシ、伊勢海老にカニで、厚かましいくらいの食通だ。しかも賢いうえに八本も手足があり、忍者みたいに狭い場所だって通り抜ける。

タコに見つかったら、いくらしっかり岩に張り付いてもアワビはひとたまりもない。人が力任せに剥がそうとしてもどうにもならないアワビを、タコは苦もなく持ち帰る。水門である孔を吸盤ですべてふさぐと、やがてアワビは苦しくなり吸着力が緩む。すかさず間に足を差し込み、ひっくり返すのだ。書くと簡単だが、人にはとうていマネできそうにない技だ。

子供の頃、よく海に潜ってはアワビやトコブシ、タコを捕ったが、保護色を駆使する忍者タコの弱点を見抜き、いつも大漁だった。タコはエサを捕まえると、天敵に狙われないよう自分の巣穴に持ち帰って食べる。その後は何も考えずに、貝殻などを入り口に放り出すから、居所がばれて僕の餌食になった。

セピアと言えば…

セピアとはコウイカのことだ。

セピア色と言えば、色あせた写真の色を思い浮かべる。

元々、このイカスミを絵の具に使っていたが、色あせると黒褐色になった。このイカの背の色のように…そこからセピア色と呼ばれるようになった。

甲烏賊と書くように、スルメイカなどの薄く細い甲と違って、広くて厚い船のような甲を持っている。

コウイカの寿命は一年で、春に産卵して寿命を終える。よく浜に打ちあがった甲を見かけるが、それはコウイカのものだ。

イタリアでは、セピアのパスタと言えばこのコウイカを用いる。いわゆるイカスミパスタというやつで、コウイカは別名スミイカとも言い、イカの中では一番多くスミを持っている。

釣り方にはコツがあり、上手くやらないと強烈なスミの洗礼を受けることに。

大型の仲間には、カミナリイカや沖縄のコブシメなどがある。

魚もそうだが、イカも地方によっては呼び名が異なり、混乱することが少なくない。

大きくてもせいぜい八百グラムほどだが、カミナリイカは数キロ、コブシメは数十キロくらいにまで成長する。良く似ているが、コウイカとカミナリイカでは食べ方が異なる。

一般的にイカ類は活きたものが一番うまい。半透明の刺身はねっとりとして甘く、鮮度が落ちると白くなって甘味も薄れてくる。安価で一般的なスルメイカも活きたものは甘くておいしい。

アオリイカが高価な理由は、肉の厚みや味だけでなく、この甘味を維持する時間が長いからとも言える。

大型のカミナリイカはすぐ食べるほうが甘くておいしいのに、コウイカは逆だ。生きているうちはコリコリしていても甘味がない。一日置くとねっとりとした甘味が出て非常によろしい。

コウイカは数え切れないほど釣ったが、さばいて処理したら、刺身用の身をラップして必ず冷凍していた。当日食べたいなら一旦冷凍してから解凍し、食べていたくらいだ。

天ぷらなどの加熱用は、鮮度の良いほうがうまい。

アオリイカもそうだが、イカ類は活きているうちに冷凍すると、魚ほど鮮度が落ちず、いつまでもそこそこの甘味と旨味を維持できる。

コウイカの甲は粉末にして薬品や顔料などにも使われていたが、面白い遊び方がある。

粉末にして墨汁に溶き、それで文字を書く。その紙を水に浸すと、文字だけが紙から剥離して水に浮くのだ。

ヒマな人は試してみるといい。子供が喜ぶだろう。

ハモを食うなら

ハモといえば京都。

かつては京都でしか食べられていなかった。トラックや冷蔵庫がない時代、瀬戸内から生きたまま京都に運べる魚はハモしかなかったのだ。

鋭い歯で手当たり次第噛み付く性格から「食む」と呼ばれ、それがハモ（鱧）になった。気性だけでなく、生命力の強さも魚類の中では群を抜き、朝から晩まで外に出していても、湿り気さえあれば生きている。つまり桶を湿らせていれば、京都まで運ぶのが可能だった。死んでもなかなか腐らないのも、細胞個々の生命力が突出している証拠。京都のハモは山で獲れると思っていた人も多かったようだ。

もともとは蒲鉾の原料に使われる程度の魚で、その名残が「ハモ入り竹輪」だ。国内では最高の蒲鉾材料とされるエソも、味は良いが小骨が多すぎて鮮魚では流通しない。ハモにも三センチ程の硬い骨が五百本くらいあるので、練り物にするしかなかった。ほかにうまい魚がたくさんあるわけだから、伊勢志摩の漁師はわざわざ面倒な骨切りまでして食べなかったのである。

ハモの料理法を見出したのが京都人で、それはハモが唯一活魚として食べられる貴重な海の魚だったから。骨が舌に当たりさえしなければ、おいしくて栄養も豊富だ。

京都は古くから日本文化の中心であり、今日のハモ料理は京都の料理人たちの目と技が集結して生まれた芸術品とも言える。

日本各地のハモ漁獲期は四月から九月。価格は、京都のハモ祭りに合わせて上昇する。でも、ハモの本当のおいしさを味わうなら、脂がのる晩秋から冬にかけてがいい。

ハモの産卵期は八月で、産卵前の梅雨時が食べ頃といわれているが、やや卵に栄養をとられる。産卵後の「荒食い」は凄まじく、九月に痩せた体もあっと言う間に回復。十月以降は脂がのってうまい。

ハモにはウナギやアナゴのような脂分は少ないが、旨味成分のアミノ酸をより多く含み、料亭の吸い物には、相性の良いマツタケとともに使われる。ウナギやアナゴの身の吸い物（肝吸いは別として）など、あまり聞いたことがない。

フグの繊細な旨味と似たようなものだが、フグには脂がない。冬のハモの頭と骨を煮詰めたスープには、大量の脂が浮く。

とはいっても、活きたハモは凶暴ゆえに魚屋では流通しないし、骨切りなしでは食べられないので、家庭の食卓に上ることはほとんどない。

野人は冬場、市場で活きたままのハモを大量に手に入れ、骨切りし、調理して食べまくっている。シーズンに比べると需要が激減するせいか、価格が夏の数分の一になるからだ。

本当にうまい時期に価格が暴落するのはハモくらいで、伊勢志摩地域ではよく獲れる。

蒲焼きにハーブソテー、煮付け、ハモバーグ…何でもつくってみたが、特にうまかったのは天ぷらに天丼、頭と骨の骨汁、骨汁をダシにした釜飯だ。

安価で旨いハモを豪快に食べまくってみたい人は、冬が狙い目だ。

恐怖の鉄ガニ「ノコギリガザミ」

カニといえば、日本海の冬の味覚——そんなイメージがあり、寒くなると、カニと温泉を求めて北陸や山陰へと足が向く。

ズワイにタラバ、北海道の毛ガニ…確かにおいしくて一般に知られるが、身はやや淡白で水っぽい。個人的には、それらより身の締まったワタリガニが好きだ。ズワイガニなど深海のカニに比べて小ぶりだが、太陽のあたる沿岸で捕れるせいか、味が豊かだ。

ワタリガニとは、正式名ガザミの仲間の総称である。後ろ足がヒレ状で、海を泳いで渡るところからこう呼ばれる。時には、船から簡単にすくえることもある。

この仲間のボスに、知る人ぞ知る化け物ガニがいる。伊勢志摩でもほんの一部の人しか知らないだろう。成体は二キロ近くなり、甲羅が鉄兜そっくりな「恐怖の鉄ガニ」だ。

初めて見たのは四十年ほど前、屋久島の河口で夜に潜り、数キロもあるウナギを捕っていて巨大なカニに出くわした。後ろから捕まえようとしたらすっくと起き上がり、逆襲してきた。巨大な爪を振り回し、向かって来るので思わず後ずさり。近くにあった棒で押さえつけようとしたら苦もなく挟み取られ、しかも水中でバキバキ…と音を立てて真っ二つに。その爪は人の拳よりもデカく、握力では明らかに負ける。

いったん引き下がり、出直して大きな網で捕まえたが、重さは一・五キロあった。

広い生け簀に入れて観察。足を近づけると、プロレスラーばりのファイティングポーズで威嚇し、靴の先を挟んで離さず、穴が開いてしまった。ほかに類を見ない何とも凶暴なカニだ。食用かどうか地元で聞いたが、誰も食べたことがなく、性格も悪いし、いかにも不味そう。ところが、本社から来た社長が食べたいと言う。やめておいたほうが…と進言したら、「バカ！　食べてみないとわからんだろうが」と叱られた。

不安そうな料理長と遠くから見ていたら、手招きして呼んでいる。

「お前、まず食ってみろ」毒味昏役として食べてみると、思いがけずうまかった。一言も喋らず、一気に食べようとしたら社長から「ストップ」がかかり、やむなく交代した。

味は濃厚で、重いという表現がピッタリ。ガザミをさらにおいしくした豊潤な味だ。以来、病み付きになった。鉄ガニは汽水域を好み、伊勢志摩沿岸でもたまに捕獲される。

甲羅の前面がノコギリ歯のようになっているので、学名はノコギリガザミ。房総半島から南の沖縄、東南アジアなどに分布し、貴重な食材になっている。河口の土に穴をあけて住み着くので、通称「土手破り」とも。この名にも大いに納得した。

浜名湖の特産で、胴が丸いことから「どうまん」。高知では一番うまいカニの称号をもらい「真がに」、「えがに」。沖縄や西表島ではガザミ、マングローブ蟹、東南アジアではマングローブクラブ、マッドクラブと呼ばれている。マングローブのものは、やや泥臭い。

市場ではその凶暴性は封印され、爪ごとヒモで巻かれて売られている。アジアではわりと一般的だが、数が少ない日本国内では高価だ。

さまざまな名を持つが、その風貌と気性から、やはり「鉄ガニ」の名がふさわしいと思う。

アイナメの雄はえらいっ

活きたアイナメが手に入った。

アイナメの地方名は北海道では油子、あぶらっこ、新潟や秋田ではシンジョ、シジュウ、東北では根魚（ネウ）、静岡ではベロ、島根ではモツ、長崎ではヤスリ、関西、四国、九州ではアブラメと数え切れないくらいの呼び名がある。

野人の故郷・大分ではアブラメで、子供の頃によく釣った。

広島、山口ではモミダネウシナイと面白い名が付いている。あまりのうまさに百姓がモミダネまで売り払って食べたと言うのだが、これはいささかオーバーだ。そこまで飛びきりうまい魚でもない。

漢字では「鮎並」「鮎魚女」「愛魚女」と書く。鮎のように縄張りを持つことと、鮎のように賞味すべき魚という意味だ。くねくね滑らかに泳ぐ姿を女性に見立ててもいる。

大型は五〇センチを超え、旬は晩春から秋にかけてだ。晩秋から冬にかけては産卵期で、卵に栄養をとられるためか身はやや柔らかい。呼び名のように、白身にしては脂が乗る魚で、そのぶん鮮度も落ちやすい。刺身を美味しく食べるなら活魚か、しっかり活き絞めしたものが良い。

アイナメの面白さは名前だけではない。産卵期になると、オスはメスを次々にナンパして岩陰の巣に強引に「連れ込む」のだ。

こう書くと、単なるスケベのように思うだろうが、そうではない。

無理やり産卵させ、卵集めに励むので、卵は赤紫や緑褐色が寄せ集まった卵塊となる。するとオスは巣の前に陣取り、睨みをきかせて敵を追い払い、孵化まで巣を守り続ける。体色は鮮やかな黄色に変わり、近寄る敵に体当たりを食らわせるのだ。

アイナメのオスは雄の鏡。そこで野人は彼らに「あんたは偉い！」とエールを送るのだ。

今日はそのアイナメを刺身で食った。皮を引いた普通の刺身と、皮付きの焼き霜造りだ。魚は皮と身の間が一番うまい。湯をかけても良いが、アイナメの皮は厚いので、表面を焼いて冷水で冷まし平造り（松かさ造りとも言う）にした。

ご飯と刺身とアラの吸い物だけの粗食であったが、非常においしくいただいたので、ご馳走さまの代わりに、アイナメの雄へもう一度エールを送った。

天然の牡蠣

海のガイドをしていて、誰もが「え〜？」と驚くものがある。天然の牡蠣だ。牡蠣なんて見れば誰でもわかるし、知っているものと思っていた。海水浴場のような砂浜はともかく、岩場で泳げば必ず足を切らるのが牡蠣で、岩場ならどこでも、ゴロタ石の浜にもあり、岸壁や桟橋にもびっしりとへばりついてる。

こちらとしては、天然の牡蠣を知らないという人がいることに驚かされた。虫食い一つない野菜と同じように、形の整ったセルガキが牡蠣と思っているのだろう。

もともと、そこら辺りの岩にくっついている牡蠣を管理養殖すれば、あのような形になる。自然は管理されてないから、くっついたところの条件次第でおかしな形になるだけだ。洗浄器で洗われていないので、見た目は岩石のようだが。

岩に張り付いた牡蠣は、片方の殻が密着し、丸ごと外れることはないが、密集して一部しか岩に付いていないものは簡単に外れる。通常は、潮が引くと干上がる潮干帯に付いているから、餌のプランクトンを食べる時間が限られ、常に海中で養殖されている牡蠣ほど成長が早くない。

牡蠣は、アサリと同じように養分の多い内湾を好む。川からの豊富な有機物がプランクトンを発生させ、牡蠣を養っているのだ。汽水域でも繁殖するから、河口の護岸やテトラに、天然牡蠣が付いていない川はないといっていいほど。

磯に獲物はなくても、牡蠣だけは簡単に拾える。潮の干満もあまり関係ない。わざわざ岩から外さなくても、いつでも手の届くところに落ちているのだ。

集めて大きな缶や鍋に入れ、そのまま火にかければ、牡蠣の中から適当な水分が出て、ちょうどよく蒸し焼きになる。石にくっついて離れない牡蠣は、石ごと放り込めばいい。

もっとも、そのまま焚き火に放り込むのが一番簡単だ。

持ち帰るのは重くて大変だが、一日拾えば軽トラ一杯分くらいにはなるだろう。しかも全部タダ！

海産物には漁業権が設定されているものが多く、勝手に採取できないのは周知のとおり。貝では、サザエ、アワビ、トコブシ、潮が引く場所ではアサリなどがそう。

磯には食べられる磯物が少なくないが、牡蠣ほどボリュームがある貝はほかにない。少々水が汚くても、気にすることはない。同じ海域でアサリが食べられて、牡蠣が食べられないわけがない。同じプランクトンを餌にしているのだから。

三重県では、天然牡蠣は英虞湾に一番多く、冬になると牡蠣打ちが盛んだ。殻は重いから、鳶口のようなもので殻を剥ぎ、中身だけを持ち帰る。遊び半分で半日ほど集めたら、どれだけ牡蠣めしや佃煮が食べられることだろう。

大いに天然牡蠣を拾い集めて、海のミネラルをたっぷり摂取してもらいたい。

そういえば昔から、凶作で草の根をかじるほどの飢饉のイメージは内陸部ばかり。

漁村で餓死するシーンは、いまだかつて見たことがない。

自然のミネラルバランス

この数十年で科学医学は著しく進歩した。

にもかかわらず、人の健康も地球環境も、さらなる悪化が進んでいる。

長年、自然科学、動植物を研究してきたが、自然界の生き物には、自らが原因の病気はほとんど存在せず、病めるのは人間と、人間が関与した家畜、ペット、野菜だけだ。

それらの健康を取り戻すために多くの試みがなされてきたが、決定的な効果は得られず、巷には医薬品や健康食品、農薬が溢れている。

野人の考え方は単純なプラスマイナス思考だ。体に余計なことをしたか、必要なことをしなかったかの二つしかない。余計なものを消去すれば最後に答えが残る。

人は便利さと引き換えに、余計なものを背負い過ぎたように思う。

生命は海から誕生し、大地もまた海が隆起して誕生した。つまり植物も動物も海のミネラルバランスで生かされている。生き物は数億年、人は数万年もの歴史と進化の遺伝子を持っている。

健康の悪化について考えた時、最後に残ったのは水と塩と植物だった。人は完全な水と塩、植物なくして生きてはいけない。この三つが細胞と代謝を正常に保っているのだ。

食べ物は成分の単体では存在しないし、そんなものを食べた生き物の歴史もない。

海のミネラルバランスをもとに作られた食べ物に適うものなどない。野菜の価値を目方と外見で決めるのはおかしいと、なぜ誰も気付かないのだろう。

人は植物だけでなく、塩と水にも手を加えた。食べやすさから「にがり」を除き、衛生上の理由から水に「薬品」を加えた。海水をそのまま煮詰めた塩を摂取すれば代謝は正常に戻り、汗の量や冷え性だけでなく、喉の乾きも食欲も正常に戻るというのに。

今年に入ってから、水の実験をした。水道水を手以外に触れないようにしたのだ。山の湧き水を大量に汲んできて使い、お風呂は塩素を抜いて入浴。シャワーは直接体に当てないようにした。その結果、長年の習慣だった朝の洗顔が不要になり、充血気味だった目が正常化。数十年来必需品だった目薬と決別することができた。顔のべた付きも消え、朝はほんの少しの水で目を洗うだけ。

現代は蛇口をひねれば水が自由に使えるが、あえて不自由を選んだことで、水の大切さが少し理解できた。酒にしろ、米にしろ、水にこだわる食品は多い。水は成分や味だけでなく、生き物にとってもっとも重要な意味を持っている。

石鹸やシャンプー、歯磨き粉も随分長い間使っていないが、何の問題もなく、むしろ体調は良い。地球上のすべての生き物は、例外なく脂膜か粘膜、微生物によって守られている。それを落とし去るのは人間だけ、本来は水だけで事足りるはずだ。

科学はいまだ生命を解明できず、生み出すこともできない。自然界の産物ほど優れた食品は、地球上に存在しない。

人類の常識は時代とともに移り変わり、常に正しいとは言い難いようだ。

二、野の食卓

天然酵素ジュースの大噴火

ここ二十年来、植物を有効活用しようと試行錯誤してきた。

歴史の浅い現代科学にくらべて、人間が自然を活用してきた歴史は気が遠くなるほど深い。

数学も物理もすべて自然から生まれた。

「薬」に草冠が付いているのは、それが「草」から生まれたものだからだ。野草は薬にもなれば毒にもなる。ここまで来るのにずいぶんと犠牲者も出したことだろう。衣食住から道具にいたるまで、膨大な植物文化が失われていくのは見るにしのびなく、何とか残したいものだ。

子供の頃から、先人の知恵には敬意を表してきた。あまりにも面白いものが多く、それらと出会った感動は今も記憶に残っている。

木の根を掘り、乾かして皮をかじったニッケイ、つまりシナモンの味。木の皮を剥ぎ、河原の石でたたき、口で噛んで作った「鳥もち」。これで昆虫や鳥を捕まえた。名は言えないが、木の実を小川の上流で潰して流し、呼吸困難で浮いてきた魚を簡単に捕まえ、食べたりもした。

最近思い出したのが「石鹸の実」だ。ムクロジという木の実で、中心の硬い実は羽根突きの玉に使われている。この実の外皮を手で揉むと泡が立ち、汚れもよく落ちる。

先日この実を割って生で食べてみたが、なかなかうまかった。羽根、石鹸、食用と、人の暮らしに実に役立つ実だ。

最近発見したものに「塩の実」がある。

甘い、酸っぱいはあっても、塩辛い実は常識では考えられなかった。どこにでもあるヌルデという、かぶれる木の実で、舐めるには勇気が必要だった。確かに塩辛く、どうもクエン酸であるらしい。今では山で疲れると、甘い実、塩の実を使い分けて口に入れている。

ジュースが爆発するというと、「そんなバカな」とだれしも疑うだろうが、これは本当だ。

葉っぱや木の実、果物の表面にはたくさんの微生物が付着しており、ワインもそれを利用して作られる。その前の段階ではまだジュースだが、微生物が活性化しているため、パワーがただのジュースではない。胃腸も生き返る爆裂「天然酵素ジュース」なのだ。

飲むと胃が活性し、やたらお腹が空いてくる。薄めて栽培野菜に噴霧すると、成長が旺盛に。ただし活性しているため、冷蔵庫で休眠させる時期が難しく、下手すると怪我をしてしまう。

クワやヤマモモはよく知られているが、梅と黒糖で作ったジュースが、今まで試した中で一番うまい。これを元・東大工学博士にプレゼントしたことがある。八十歳近かったので、取り扱いには注意するよう念を押したのだが、工学博士のくせに扱いや保存がずぼらで、あろうことか、やってきた女性客にフタを空けさせた。

すると、ジュースがシュワーッと怪しげな音を立てて盛り上がり、ボシューーッ！という爆発音とともに大噴火をおこしたのである。その荒れ狂い様たるや、シャンパンやコーラの比ではない。天井に飛び散って垂れ下がり、部屋中に甘い香りを漂わせたらしい。

おかげでその客人からは「大塚さんが変なものを渡すから！」と、さんざんなじられたが、味と効きめに関しては目を潤ませて感激された。

葛はクズじゃない

昔から日本人の生活に密着してきた植物で、忘れ去られようとしているものは少なくない。その代表が葛だ。部分的に活躍してはいるが、葛そのものは嫌われている。

葛根湯は風邪薬として誰でも知っている。葛餅も食べたことがあるだろう。葛の根の皮が生薬となり、根から取れた澱粉が葛粉として和菓子や料理などに用いられている。

製品は知っていても原形を知らない人が多く、たいていの人が「えー、これが葛根湯？」と驚き、その瞬間だけ道端の雑草を見る目が変わる。

葛は豆科の多年草で、道端から斜面、樹木を覆い尽くし、大きな葉で光を遮断して、ほかの植物の生育を阻止する。つるは十メートルにもなり、一日一メートル伸びるとも言われ、その生育の旺盛さには脱帽する。草を刈る人に最も嫌われる、雑草の王者とも言える。

かつて葛は、人々の生活になくてはならない大切な植物だった。長さ一・五メートル、直径二十センチ近くになる根からは葛根湯、葛粉を採り、つるはロープや籠に用いられ、葉は家畜の飼料として重要な役割を担っていた。つるの繊維からは葛布も作られ、戦後はタバコの代用にもされていた。つるや葉は和え物などにして食べられるが、先の柔らかい部分二十センチ程を摘み取ったつるの天ぷらは、コクがあり大変うまい。

八月から九月にかけて紅紫色の藤に似た花を付ける。ジャスミンのような芳香があり、何とも言えない安らぎを感じる。酢の物にしてもおいしいが、ホワイトリカーに漬けて熟成させると、香りの強いお酒が出来る。

葛の由来は、奈良の吉野山の近くに国栖（くず）という村があり、ここの村人が葛の根から澱粉を採り、売り歩いていたことからと言われている。

萩、桔梗、女郎花、尾花、撫子、藤ばかまとともに、万葉の時代から「秋の七草」の一つに数えられ、清少納言は枕草子の中で、「葛の風に吹きかえされて裏のいと白くみゆるをかし」と、葛の葉の裏が白く、風に吹かれて裏返る様子を述べている。

葛は光が強すぎると葉を閉じ、熱を反射させるために葉の裏が白くなっている。どこにそんなことを考える機能があるのか、いつも不思議で感心する。

豆科の植物は痩せ地でも繁殖力旺盛で、土を肥やす働きもするので、果樹園などの雑草抑制を兼ねてクローバーなどが植えられる。以前、「日本の代表的雑草である葛をピナツボ火山の被災地に植え、その強い生命力と地力回復力で、不毛の火山灰荒地を植林可能な大地に」という地球緑化計画への取組みを耳にした。現地の人はもとより、牛も大変喜んでいるらしい。

葛やヨモギなど、日本の文化の中には人々の役に立つものがたくさん存在する。

よく考えれば、あまりお金をかけずに貢献出来る手段はいくらでもあるはずだ。一過性のものではなく未来を考える時、外国よりも国内のほうが不安を抱えている。技術の頂点ばかり追い求めれば行き着く先は見えている。人間の進化は、退化に近づいているとも言える。

嫌われながらもしっかりと大地に根を張り、毎年色々な楽しみを与えてくれる葛を見るたびに「葛はクズじゃない」との思いを強くする。

たかが葉っぱ　されど葉っぱ

たかが葉っぱ、されど葉っぱ。人は、葉っぱをどのように認識しているのだろう。子供に「なぜ緑を大切にするの？」と聞かれて、皆はどう答えているのだろう。

近年、森林伐採や炭酸ガスによる地球温暖化問題で、植物の役割がクローズアップされてきたが、空気だけでなく、生命を維持するすべてを植物が賄っている。

葉っぱが無ければ川も地下水も無く、野菜や果物が育つ環境も存在しない。

空気、水、食べ物が無ければ、車やパソコンどころではない。動物は体で認識し、人は頭で認識しようとしているから、現在のような歪みが生じるのだろう。

大自然の中で気持ちが休まるのは、そこが本来、生き物の生息する所だと感ずる本能が残っているから。アフリカのブッシュマンには自然、体験などの言葉は存在しない。彼らにすれば、私たちは野蛮人に見えるかもしれない。野蛮人に森羅万象の摂理など理解出来るはずもなく、身勝手な持論と権利ばかりが横行する。私は「野人」と呼ばれても、野蛮人にはなりたくない。

食べ物としてだけでなく、大昔より葉っぱは生活文化に最も重要な役割を果たして来た。

家、紙、薬、道具と、上げればきりがない。

幼い頃海だけでなく、山で葉っぱともよく遊んだ。夢中で遊ぶ子供に「体験」などという概念は無かったが、友達や上級生から教わる子供社会の文化の伝承があった。今の教育はその場を無くし、すべてを大人がセッティングしている。だから体験などという言葉が流行るのだろう。

生命本能が薄れ、創造力の欠如した人間が大半を占めた時、地球の未来は無い。

山菜の話が地球レベルになるとは思わなかったので、そろそろ食いもんの話に戻そう。

春になると、冬の間活力を貯えた植物がいっせいに芽を吹いてくる。この時期、野山に入ると大地の匂いと言うか、生命の匂いと言うか、独特の匂いがする。私は猪の如く、この匂いごとまるかじりするのが好きで、その代表格がヤマウドである。

ウドというと白くて細長いイメージがあるが、あれは食べない。山の土手から芽を吹いたばかりの短いウドの根元からナイフを入れ、土を払って皮を剥き、洗わずに白い部分をそのまま食べる。採ってすぐだとアクもなく、ほの甘く瑞々しい味と香りがして、思わず頬がゆるむ。すべて採らずに、来年の為に株は残しておく。ほとんどの人がこの味を知らないんだろうなと思いながら毎年食べている。

同じようにして食べるのがノビルの球根だ。ヤマウドほどではないが時々食す。喉が乾いた時は、おいしくはないがイタドリやスイバをかじる。甘いものが欲しくなればチガヤの穂や根をかじり、椿やスイカズラの花の蜜を吸う。

このような食べ方も知っておくと、遭難や震災時でも飢え死にすることはないだろう。

春夏秋冬、山にも海にも生ものはある。温かいものが食べたければ、手間はかかるが山芋を乾かして粉末にし、椿の実をしぼって油を作り、竹を割って器にして、野鳥の卵と山菜を調達して火を起こせば、天ぷらだってつくれるのだ。

古人の知恵を楽しみ、さらに磨きをかけて後世へと残したいものだ。

イチョウの知恵

銀杏はどの木よりも太く高く長く生きることが出来る。

周辺の広葉樹よりも、長寿の杉や檜よりも古くから生き残ってきた。言い換えれば、銀杏は「長寿」の知恵を身につけているということだ。

大きな銀杏のタネは鳥が食べて運ぶようには出来ていない。猪や狸はタネを噛み砕いてしまう。銀杏はリスなどが冬に備え、付近の土に実を埋めるのを何万年もの間見ていた。そして彼らがタネを運んで埋め隠し、忘れてしまうから、離れた土中で発芽出来ることを知った。

ギンナンの果肉の猛烈な臭気には確固たる目的がある。猿に食われないための優れた知恵なのだ。人類よりもはるかに歴史の長いギンナンの果肉は、他の実と同じように最初は甘かった。

あらゆる生き物にタネを運ばせようとしたのだが、どうも上手くいかなかった。

猿は集団でやって来て一気にタネまで食べまくる。しかも熟す前から食うので招かざる客だ。

そこで銀杏は考えた。どうすれば猿に食われずに済むか、彼らが嫌がるかを。

それに気付き、対応出来るまでに気が遠くなるような長い年月を要した。

ヒントは猿が木の上に垂れ流した「ウンチ」にあった。銀杏はそれを分析・研究したのだ。

ウンチは銀杏にとっても鼻をつまむくらい臭く、樹皮を汚されるのが嫌でイヤで仕方なかった。銀杏に鼻なんてないが、まあそう思った方が話は早いし面白い。

そして猿もウンチを嫌がり、避けて通っているのに気付いたのだ。

銀杏はタラやサルトリイバラのように棘で動物を撃退するのではなく、もっと簡単な「臭気」を選んだ。少々の棘では悪知恵の働く猿を撃退出来ないと悟ったからだ。

それに、幹の構造を変えるのは大変なことで、果実に的を絞って臭気の元を生産した方がはるかに楽だ。いわば省エネで、これが銀杏の賢いところ。

銀杏は何世代もその意思を引き継ぎ、何万年も思考錯誤を繰り返し、やっと「ウンチの臭気」を創り出して果実に封印した。

おかげで猿は眉をしかめ銀杏を避けるようになったが、次に人間という新たな敵が現れた。

銀杏は今も人間対策を思案中だ。臭気もかぶれも効かなければ、後は毒性しかない。

食べ過ぎると毒になるのは、今も目的が進行中だからだ。いつかきっと、リスには無害でも人はギンナンを食べられなくなることだろう。

猿が持て余すクルミも銀杏を見習おうとしたが、どうしてもあの臭気を創れなかった。

タネを鳥に運ばせるわけではないから今も果肉は甘くない。だからクルミやトチや他のドングリ類は、相変わらず猿や猪などに食われ続け、今も銀杏にだけは頭が上がらない。

タネが完成するまで果肉を渋く酸っぱくして、機が熟せば甘くする木は多い。しかし、食わせないようにウンチ臭くし、かぶれの成分まで仕込むのは至難の業だ。

銀杏の知恵と謀略と技術力には目を見張るばかり。

知恵は生命力を強める。

日本生まれのドライフルーツ　干し柿

スーパーで売られている果物のほとんどは外来だ。生粋の国産は、柿くらいしかない。柿は外国へ行ってもカキだ。柿は古代から日本の山の味覚だったのだ。そのほとんどが渋柿だったから、甘く食べられるフレッシュは熟した秋しかなかったが、干し柿にすることで年中その甘さを楽しめた。

今の柿よりサイズははるかに小さかったが、それでもほかの木の実と比べて果実は大きく、一本の木に大量に実った。

柿は日本人のＤＮＡに刻み込まれた「甘さの原点」といえよう。

いつしか年間を通して甘さを楽しむ「お菓子」が出来たが、それは柿の「甘さ」を基準にしたものだった。だから、大昔からある和菓子は柿の甘さに似ている。

やがて日本人は茶の道に風情を求め、お菓子は欠かせないものになった。

茶の道に明るくはないが、茶道具に柿の木が使われるのには、そんな理由があるようだ。

昔話で「柿右衛門」という男が、陶器に鮮やかな柿の色を出そうと苦心を重ねた話があったが、それくらい柿は日本人に親しまれていた。

最近は大きくて立派な、しかも種無し柿まで溢れている。確かに食べやすくておいしいが、野人が一番好きなのは、野山の何処にでもある小ぶりの「渋柿」だ。

硬いうちに持ち帰って干し柿にしても良いのだが、小さいから面倒だ。

完全に溶けるくらい熟した時しか食べられないが、素朴な甘さに、甘味を追い求めた古代のロマンを感じてしまう。

今では農村の何処にでも柿の木は見かけるが、カラスも食べきれないくらいの柿が鈴なりで放置されている。売られるのは丹精込めて作った立派な柿だけだ。

今は甘いお菓子類も果物も飽食の時代。それらの柿は見向きもされていない。干し柿にすれば十分おいしく食べられるのに…昔はそうやって農家が作っていた。だから柿の大木が農村の何処にでもあるのだ。

売られている干し柿が非常に高価なのは、販売用の生柿を使うから。これでは、ますます干し柿が遠くなってしまう。

農村の柿の木を見るたび、もったいないと思うのは自分だけではないだろう。いろんなお菓子を楽しむのもいいが、もっと干し柿を活用しても良いのではなかろうか。そのまま食べるだけでなく、いろんな料理やデザートにも使えるはずだ。

柿は日本の自然が創りあげた「丁度良い加減」の甘さの頂点で、干し柿は日本人が生み出した最高のドライフルーツなのだから。

沖縄の長寿を支えるヨモギ

日本は世界一の長寿国だ。

近年は変わりつつあるが、長らく沖縄が長寿県の代表だった。長寿の秘訣は、古来より受け継がれてきた食文化に隠されているようだ。何度か沖縄へ足を運び、長年にわたり食を研究した。その中で一番注目したのは、コンブのない沖縄がコンブの消費量一位だったこと。さらにはカツオが水揚げされないのに、公設市場には鰹節専門店があり、その消費量も半端ではない。

亜熱帯の沖縄では、ゴーヤなど年中豊富な野菜と独特の豆腐、丸ごと一頭食べ尽くす豚、それに魚介類と、理想的な食生活が営まれてきた。

長寿県の座を追われたのは、本土と同じ食生活が持ち込まれたからだろう。

沖縄は、かつて琉球国として中国との境に位置し、食文化も中国から持ち込まれたものが多い。中国は漢方薬発祥の地。医食同源と言われる通り、食のバランスには注目すべきものがある。食卓には海藻だけでなく、薬草もふんだんに取り入れている。

かの地を代表する「沖縄そば」にしても、コンブや鰹節のダシにヨモギまで入れている。ヨモギそばは、ヨモギを練りこんだ麺に、生のヨモギをふんだんに盛ったもの。出された時は、「生のヨモギが食えるはずがない！」と仰天した。

本土ではヨモギはアクの代名詞で、茹でて水に晒し、アク抜きしてから利用する。ところが、沖縄のヨモギには全くアクがなく、美味しく食べられるのだ。アクがないのは、年中気候が安定しているからだろう。

聞けば、ヨモギを庭に植えている家が多いという。植えると言っても、ヨモギは肥料の要らない雑草の代表のようなもので、本土ではわざわざ植える人などまずいないだろう。

日本の三大薬草はドクダミ、ゲンノショウコ、センブリだが、古代の人たちはヨモギが最高の薬草だと信じ、日常的に食卓に取り入れてきた。現代人はヨモギ餅だけでなく、もっと食卓に活用したほうが良い。

沖縄に伝わる長寿食の秘密は、食材のバランスもさることながら、海藻と野草にあると確信している。当地でのモズクや海ブドウの消費量も相当なものだ。生命の起源である海からの海藻と、大地のエネルギーの結晶ともいえるヨモギが、長寿を生み出しているのだろう。

ヨモギはキク科の植物で、大地を切り崩した養分のない土壌に真っ先に根を張り、決して虫に食べられない。実はレタスもキク科で、本来虫は食べないはずだが、スーパーに並ぶ綺麗なレタス類は農薬を必要とする。今の野菜のありかたを考え直す時期に来ているのかもしれない。

春になれば、磯にはいろいろな海藻が打ち上がる。薬にも毒にもなる野草と違い、海藻には食べられないものは一つもない。ただアクが強いか、硬いかだけだ。

四月にはワカメもたくさん磯へ打ち上がるから、それも遠慮なくいただけば良い。見かけは破れていても美味しいし、メカブもしっかり付いている。

健康な食生活に、海藻とヨモギをもっと活用すべきだ。

木の実こそ人間本来の食べ物

農耕の歴史は案外浅く、はるか古代より、人類は採取、狩猟で生命を維持して来た。

今も変らず営まれているのが漁業で、やや忘れ去られているのが木の実、山菜であろう。

飢饉や、戦後のような食糧危機がくる度に、木の実や山菜は人の命をつないで来た。これらは栄養、生命力ともに、今の果物や野菜とは比べ物にならないくらい優れている。

特に木の実は、大地の恵みそのものだ。

品種改良されたものは、大きさ、色、艶、糖度と、食品として申し分ないが、野菜も含めて見た目が重視されている。野菜にしても昔のトマト、キュウリの味を懐かしむ人が多いのではなかろうか。なぜ姿形が同じなのか、それは販売者の原理が優先されているからだ。

身近な木の実としては、五月キイチゴ、六月桑の実、グミ、山モモ、八月イヌビワ、九月マタタビ、エビヅル、十月アケビ、ムベ、サルナシ、シバグリ、ヤマボウシ、シイ、十一月ハシバミ、ブナ、アキグミ、シャシャンボ…。生で食べられるものだけでも、これだけある。

キイチゴはカジイチゴ、クサイチゴをはじめ十種類ほどが近辺にあり、グミも数種が利用出来る。八月から九月にかけて野山のどこにでもあるのがイヌビワで、古代イチジクと呼ばれている。縄文式土器より種子が見つかり、古代人の貴重な食糧とされていたことが判った。

遣唐使の時代、大陸より現在のイチジクが伝えられ、味も形もよく似ていたのでそちらへ名前が移り、それまでのイチジクはイヌビワになったとされている。ただしサイズは指の先ほどで、ビワには似ず、葉もイチジクにはほど遠い。地元ではチチモモと呼ばれ、イチジクの様に、摘むと乳液が出る。黒く熟したものはねっとりと甘く、イチジクそのものだ。

シバグリは小粒だが、改良されたものより味が濃厚ではるかにうまい。

サルナシはナシの仲間ではなく、キウイの原種である。輪切りにするとキウイそのものだが、なんとも言えぬ芳香があり、甘酸っぱく濃厚だ。生食、ジャムも良いが、果実酒にすると最高のものが出来る。鹿児島以南からアジアに分布するシマサルナシがキウイのミニチュアで、これがニュージーランドに渡り、改良され、野鳥キウイに似ているところからキウイと名付けられた。したがってキウイの原産地はアジアである。屋久島では戦後の食糧難時によく食べられていたが、今では野生のサルが独占している。

子供の頃より海と山の恵みを食して来た。小学生の頃、これらは宝物で、青年期は色々な食べ物に目移りし、現在に至っては、これぞ人間本来の食べ物ではなかろうかと思うようになった。最近、遊休地を再利用して、国内すべての木の実、山菜、キノコ、薬草、有用植物を育てようと考えている。自分にとっては宝の山。同じように考えている人が集まり、そこから自然とは、食とは何かを考えて見るのもおもしろいだろう。ヤマモモやキイチゴ類、桑の実をシャーベット等に加工し、普及できれば、山林の有効活用に役立てるかも知れない。

木の実や山菜は、農薬、肥料、手間を必要としない。

世界中の食材をかき集め、ブランド品を買い漁る日本人に対する評価は誰もが知っている。何が欠けているのか、もう一度考え直してもらいたい。

天然着色料クチナシ

子供の頃、よく木の実を食べた。野イチゴ、シイ、マキ、アケビ…。

その中で、何を食べたかすぐにバレてしまうものがあった。「ア〜ンしてごらん！」と言われ、口を開けるとすぐに発覚してしまう。舌が紫色になったまま、うがいしても落ちないのだ。

記憶にある人もいるだろう、それは桑の実だ。

「またそんなモン食べてきて！」とよく叱られた。

大人にしてみれば、木の実は下品な食べ物という感覚があったのだろうか。しかし、何万年も続いた狩猟採取のＤＮＡは、子供にはちゃんと息づいていた。

近頃、着色料の毒性がクローズアップされている。赤色青色何号とかの合成着色料には、日本以外の国で使用禁止になっているものが多い。発がん性、アレルギー性などの恐れがあるとの理由からだ。天然着色料と呼ばれるものでさえ、薬品で処理するため一部は問題視されている。

安全な着色料で身近なものといえば、梅干しの赤シソやカレーのウコン、クチナシだ。

以前勤めていたリゾートホテルでは、ケーキの黄色にクチナシを使っていた。担当者は一万円

分のクチナシの実を仕入れていたので、調理場の庭へ連れて行った。そこにはクチナシの木が無数にあり、たわわに実がついていた。毎日クチナシの木のそばを通っていたのに、誰一人気づかなかったのだ。宝の山を前にして、彼はうなだれていた。

クチナシは、野生種は花びらが一重、改良した栽培種は八重できれいだが実はつかない。南伊勢地方では餅と一緒についたり、おかきなどに使われている。

小粒だが、暖地性の山ぶどうの仲間、エビヅル、サンカクヅルもブドウよりはるかに色素が強い。グミやガマズミなどは赤い色。クチナシのように単純な乾燥保存で色が残らなければ、アルコールやシロップ漬けで残せる。自然界の植物には驚かされることばかりだ。

現在の着色料が不安なら、自分たちで研究して楽しんでみたらどうだろう。

お金を出せば何でも買える時代だが、本当のスローフードとは自分で答えを出すもの。食材だけでなく、香りも色も野山にはあふれている。紅葉や草木染めを楽しむのもいいが、野草茶など、身近な自然界にある食を趣味にするほうが、健康のためにも良いのではないだろうか。

ハーブとは、もともと自生する有用植物のこと。ヨモギもセリも、クズもクチナシもそうだ。薬、食、色、香など古くから幅広く利用されているのだが、いわゆるハーブ園のように、日本人独特のイメージが独り歩きしているような気がしてならない。

酔っぱらいのマムシ

まむしドリンクに代表されるように、マムシは生薬名「反鼻」として、古来から漢方薬の材料にされてきた。

かわいそうな話だが、かく言う私もよく捕まえては酒に漬けたものだ。切り傷や打ち身に用い、飲用にもしたが、臭いのを鼻をつまんで飲んだ割に、あまり効果はなかった。

小さい頃からマムシ酒やガマの油には馴染みがあり、ガマがタラリタラリと流す油汗は、どんな傷も治すと信じ込んでいた。ガマが汗をかくはずもないのだが…。

ある時、捕まえたマムシを酒に漬けようとした。水を少し入れた一升ビンの中で一ヵ月ほど汚物を吐かせるのだが、たまに汚れた水を入れ替え、外で水浴びさせる。それを会社でやるものだから、皆一斉に逃げて行く。水浴びが終わると、首を掴んでビンに戻すのだ。

小ぶりのマムシだったので、ワインのビンに漬けることにした。

焼酎を注ぐと、何とマムシが尻尾でビンの底に立ち、コルクとの隙間で呼吸しているではないか！　心を鬼にしてビンを逆さまにし、数分後元に戻すと、ヤツはまだ頑張っていた。

それから苦行一ヵ月。マムシの根性にほとほと感心し、あと三十分頑張ったら逃がしてやると約束したら、ヤツの生命力に軍配が上がり、見事開放されることになった。

ビンから取り出し、非道い仕打ちを謝ると、やおらマムシが欠伸をした。よく観察すると、完全に酔っ払っているではないか。指で頭をコンと叩く度に大きく口を開け、三十センチほど這ってはまた欠伸。尻尾に触れるとビクッと反応するので、どうやら酔いは下半身までは回っていないようだ。やがてマムシは千鳥腹？で草むらへ消えていったが、面白いものを見せてもらった。

翌日、部下の女性からマムシの助命嘆願があった。彼女はマムシの水替えの度に、真っ先に逃げ出していたのだが、たまにマムシが夢枕に立って命乞いをするとのこと。そこで、マムシは急性アル中になったかも知れんと思いつつ、前日の出来事を話してあげた。すると彼女は万歳三唱し、「きっとマムシはお酒を持って恩返しに来ます」

もう二度とマムシを酒に漬けることはないだろう。

二十代の頃、マムシを捕まえたものの適当な容れ物がなく、大きな花瓶に、空気穴をあけたアルミホイルでふたをして床の間に置いておいた。ところが翌日に見るといない！　どうやらホイルの穴をこじ開けて逃げ出したようで、寝床をめくり、押し入れまで捜したが行方は不明。会社でその話をしたら、それ以来マージャン仲間が来なくなった。

マムシを必要以上に怖がることはない。人を襲うことはなく、ジャンプして飛びかかることもない。むしろ嫌がって、あちらのほうから逃げて行く。踏みつけたりして噛まれても、あわてずに毒を吸い出し、ゆっくり病院へ行けば良い。

食べ物が豊富で、マムシが生息しているということは、自然が豊かな証拠だ。マムシは毒蛇だから、自治体の許可なく飼育することは許されていない。生きた教材として、マムシを始めとする危険動物、昆虫、海の毒魚、毒草などを寄せた「危険生物博物館」があればいいと思う。

子供達を安全に自然の中で遊ばせるには、必要な施設ではないだろうか。

毒にも薬にもなる根っこ

「何事も根っこが大切」「大地に根を張る」「根本的」といった例えに使われる根っこ。根があってこそ植物は育つのが道理で、つじつまの合わない、根拠のないことを「根も葉もない」と言う。野菜とは読んで字の如く、ルーツは野草である。

ゴボウ、ニンジン、ダイコンなど、原種は存在するが、山ゴボウ、毒ニンジンなるものもあり、犠牲者も絶えない。ちなみに、現在売られている山ゴボウ漬けは森アザミの根で、ヨウシュ山ゴボウは猛毒である。

毒と薬は紙一重と言われるが、養分を蓄える根っこの効力は、トリカブトが代表するように凄まじい。図鑑を見て思い込みで食べずに、食べた人に教わるのが一番良い。

薬草で最も多く使われるのは根である。時代劇に出てくる、病人のための高価な朝鮮ニンジン、飢饉で根を掘る人々など、植物の根っこは古くから人と関わってきた歴史があり、今でも農村における食文化の一端を担っている。

最近ではブルドーザーで収穫される「葛」の根は、くず粉や葛根湯にされるが、昔は根を木槌でたたき、水にさらして作っていた。葛は道端のどこにでもあり、芽、葉、花とも食用にでき、漢方の材料でもある。胃薬や虫さされなど、薬になる草は無数にあるが、生で食べられるものだけでもその辺の山に五種類はあり、土から顔を出す前の芽まで入れたらもっとある。

ヤマノイモ、俗称ジネンジョは秋から冬が食べ時で、葉が枯れても蔓さえ見つけられれば掘れる。他のイモと違い消化酵素を含むので生食が可能だ。

ノビルはネギの原種に近く、ニンニクを合わせたようなもので、土手にもたくさん生えており、天ぷらやぬたにしてもおいしい。

ここまでは食べている人も多いが、ヤブラン、ジャノヒゲ、チガヤを食べたという人の話は未だに聞かない。これらは根にこぶのようなものを作り、養分を蓄えている。ほのかに甘く、漢方では滋養強壮酒として使われる。ジャノヒゲは蛇のヒゲと書き、別名は「龍のヒゲ」。ほとんどの庭に植えられているので、土を払い、こぶをかじってみると良い。

掘って生食できる芽にはタケノコ、ヤマウド、イタドリなどがあり、これらはすべてアクが少ないとも言える。これだけ知っていればどこでもサバイバルできそうだが、知識だけでは役に立たない。

十年ほど前、類似種を見分けるために、あえて毒草の試食に挑んだことがある。

少量なら薬とは言え、二回ほど寝込んだ。

「君子危うきに近寄らず」という諺があれば「虎穴に入らずんば虎児を得ず」という諺もある。

それとも、単に食い意地が張ってるだけかどうかは想像にまかせるが、毒消しが解らず苦し紛れに取った策が、濃くて苦い渋茶。飲んでから五分で痛みが引いた。

それからは茶を見る目が変わり、中国の文化に関心を持つようになった。マムシの毒消しはオオケタデと言われ、試そうと思ったが、さすがに止めといた。マムシには血清が一番。

こんなことばかりやっていたので、根も葉もある人間になれた？

林業の衰退で海がピンチだ

水がペットボトルで売られる時代になった。

水質の悪い国ならともかく、日本の水道水はなかなかのもの。なのに食から水へ、さらには空気までにお金をかける時代になってきた。自らの生活へのこだわりは相当なものだが、反面それ以外は無頓着な気がする。

山のおいしい湧き水を飲むたび、この水もいつかは枯れてしまうのかと寂しくなる。

全国的な植林で雑木林が激減した。その植林地も放置され、間伐されずに光のない世界を増やしつつある。表土はむき出しになり、草木は育たず、大雨のたびに土砂となり流出。砂防ダムを埋め尽くし、川の生態系にまで影響を及ぼしている。自然のバランスのとれた落葉樹の森が減り、沿岸漁業への栄養供給源となる腐葉土も乏しい。

川は栄養分ではなく、もはや生活廃水を海に流すだけの役割になりつつある。護岸がコンクリート化され、植物も生き物も棲みにくくなり、自然の浄化作用が失われている。

山林に保水力がないから、雨水は一気に表層を走り、川へと流れ込む。洪水だけ残して、伏流水や地下水への供給は乏しいから、そのうち井戸や湧き水も枯れてゆくだろう。いつかは砂漠の水無し川のように、大雨の時しか流れない川になってしまう。

世界的にそうで、中国最大の農地、華北高原では既に地下水が異常に低下している。伏流水は表土から染み出る水だが、地下水は何十年もかかって湧いてくる場合が多い。

地下水位の低下は、もはや修復が不能なことを意味している。世界の歴史を見てもわかるが、文明は川の流域を中心に発展し、地下水の利用が生活圏を拡大した。地下水がなければ、農業も工業も生活も成り立たない。ダムは大雨であっという間に満杯になり、補給が乏しいからすぐに渇水する。地球温暖化に拍車をかけ、海面上昇もさらに進む。

そんな国家レベルの話より、野人としては非常に困ることがある。海の魚が年々激減し、おいしい魚が思うように捕れなくなったからだ。漁業は後継者が育たず壊滅寸前。世界的に見て、これだけ緑と水に恵まれた国が、何故そうなってしまったのだろう。人には知恵がある。その知恵を駆使して何百万年も生き延びてきた。ペットボトルの水へ注ぐ情熱を、もっと上下の水源地へ向けてもらいたいものだ。

今や山の餌場も乏しく、鹿や猪は木の実にありつけず、キノコもない。川のウナギやエビカニだけでなく、メインフィールドである海が大ピンチだ。

こうなったら、微力ながら自分のできることで頑張るしかない。

あの何ともならない放置林を撤去するには、間伐材の家庭での利用法を提案し、根っこも引き抜いて有効活用することだ。伐採ツアーで参加者を喜ばせ、跡地には実りのある植樹をして、人の意欲を駆り立てる企画を組めば何とかなる。ただ落葉樹を植林するだけでは面白くないし、波及もおぼつかない。人の欲と遊び心のエネルギーがあれば、森を復元させられるかもしれない。

海水は生命の源であり、命を育む。海から真水が生まれ、恵みの雨となり、山林に降り注ぐ。それをあっさり流すのはもったいない。せめて養分のお土産を付けて海に返したい。

シバグリこそ本来の栗

栗は、昔と違って今は立派なサイズのものが出回っている。中でも丹波産はブランドだ。立派になって食べやすいのは野菜と同じ。人の技術の結晶とも言えるのだが、果たしてそれが本当にうまいのだろうか。

今の栗しか知らなければ、栗好きの人にはたまらないご馳走で、さぞかしシーズンが待ち遠しいことだろう。しかし野人は、立派な栗はあまり食べない。栗本来の味がしないからだ。

本来の栗とは、原種である山の「シバグリ」のことだ。

シバグリのファンは、誰もがシバグリを栗の王者に挙げる。小粒で、天津甘栗くらいのサイズ。しかし、味は濃厚で甘い。生でかじってもたまらなくうまい。だから小さくて食べるのが面倒でも、わざわざ山まで採りに行くのだ。店で売られていないのだから仕方ない。

人類の何万年に及ぶ狩猟採取の時代でも、シバグリは木の実の中では最高のご馳走だったろう。人間だけでなく、熊や猪、狸や狐にリス、全ての哺乳類の命を支えてきたのだ。

人の体の中にも、シバグリを何万年も主食並みに大切にしてきた遺伝子は残っているはず。だからシバグリを食べると自然に体が喜ぶのだ。

木の実は栄養の王様だけでなく、そこには生命力の源が全て凝縮されている。

国民全体が病んで健康を求める時代、新薬やサプリメントの開発が盛んだが、製造メーカーの謳い文句に振り回されるよりも、もっと足元を見直すべきだろう。

人類が何を食べて生き残ってきたか、じっくりと調べれば誰にでもわかることだ。先へ進むことばかりが文明ではない。文明には失敗、軌道修正が山ほどある。わけのわからない体の異変を正常にするには、自然界から生まれた「完全食品」が一番だ。そうすれば体は正常に機能するようになる。今の食生活の中で、そんな食品はどれくらいあるだろうか。海藻、魚介以外にはなかなか思いつかない。

五大重要食品として、後の三つは大豆に穀物に野菜だが、どれも完全とは言い難いものだ。加工食品の大半は、後の三つが占めている。避けて通れるはずもないが、意識して完全が付く「陸の食品」をたまには摂取するべきだろう。

一番良いのはどこにでもある「山菜」だが、そればかりでは飽きが来る。

野山は人間が必要とする「完全健康食品」の宝庫だ。その気になれば学ぶのも手に入れるのもタダ。しかもレクリエーションを兼ねて楽しく遊べる。

シバグリは山道の淵にもどこにでもある。九月の山を歩けば、栗に当たると言うくらいたくさんあるのだ。

アサリを掘って、魚を釣って、木の実を拾う、その感覚、感動は、本能を刺激して体に鋭気を蘇らせる。願ったり叶ったりだ。

「少年よ、青年よ、中年よ、ジジババよ、木の実をいただけ！」

竹の驚異的エネルギー

竹から生まれたかぐや姫が宇宙へ旅立ってから、どれくらい経つのだろうか…。竹藪の中に入って、かぐや姫を思い浮かべる人は少なくないだろう。目的はタケノコ掘りなのだが、つい竹の根元を観察し、次に空を見上げてしまう。

竹は何処にでもあるが、むしろあり過ぎて困っている。竹はすべてを覆い尽くし、その領域を広げていくからだ。

竹に勝てる植物など地球上にない。最初から竹よりもはるかに高く育っていれば別だが、竹藪の中で新たに樹木は育たない。竹は木にも草にも属さない特異な種だ。その成長エネルギーは凄まじく、あの太いタケノコは、一日に最大一メートルも伸びる。

同じくらい伸びる植物は、日本では葛のツルくらいだが、せいぜい箸の太さ。足の太さほどの茎が成長する竹の仕組みとエネルギーは驚異的で、いまだに詳しく解明されていない。

竹といえば、竹細工とタケノコと竹炭くらいしか思いつかないだろうが、かつては暮らしに密着していた。特に竹の皮は防腐効果が高く、おにぎりを包む必需品だった。実験してみると防腐剤などよりもはるかに優れている。真夏は、本来の塩分を有する梅干し入りおにぎりを竹皮で包めば、翌日でも食べられるほどだ。これを「エコ包装」として復活できないものか。

南天の葉も防腐効果が高いから、これも使えば完全で、ビニール製のお飾りは必要ない。普及すれば山間部のおばあちゃんたちは大喜びだろう。

世界各地で目撃される未確認飛行物体が、地球に来る目的の大半は「竹」…だ。

昔、南西諸島に浮かぶ活火山の諏訪之瀬島に一年間住んだが、島中が琉球竹という細い竹に覆われていた。そこによく出るのだ…アレが。

昼間ポッカリ空に浮かんだアレを見つけ、島民に話すと、島では子供でも知っているくらいの常識だった。その親（学校の先生）に確かめると、黙ってうなずく。

何故アレが飛んでくるのか、考えてもわからないから考えない。そんなことを気にしては人間やってられないと言いながら、黙々とタケノコを食っている。何とものどかな島だった。アレがまさか宇宙からタケノコ掘りに来るはずもないだろうが、大地最大のエネルギーである活火山と、植物の中で最大エネルギーを持つ竹――共通点はある。

野人は竹の家で生まれた。敗戦で台湾から九州の郷里に引き揚げてきた家族は、最初間借りしていたが、建設業だった祖父はやがて畑に竹の家を建てた。村人が見に来るほど、それは素晴らしい豪邸だったが、その快適さもその年の秋の台風で全壊し、終わってしまった。

かぐや姫は竹から生まれたが、野人は竹の家から生まれた。さほど差はないから親しみが湧くのだ。

短期間であそこまで成長し、食と建材と燃料と暮らしの快適さをもたらしてくれる竹を、もっと活用すべきだろう。あっという間に森を築き、大地の砂漠化解消にも大いに役立つはず。

宇宙へお帰り遊ばされたかぐや姫の「竹取物語」は、竹の神秘性から生まれたのかもしれないが、かぐや姫がタケノコを食っている姿は…絵にならない。

グミを野鳥とシェアする

子供の頃、グミを食べたことのある年輩者もいるだろう。

今ではほとんどの人が、グミと言えばお菓子を思い浮かべる。

野人はグミが大好きで、味にはなかなかうるさかった。

甘味もさることながら、渋味が抜ける食べ頃が肝心なのだ。一日遅れると鳥に先を越されてしまう。鳥も渋味は苦手なのだろう。

酸味や渋味は「まだ食べるには早いですよ」と言う木のメッセージ。種がしっかり出来上がってから甘味が増し、「はいどうぞ。食べて運んでね」と催促するのだ。

民家の庭にあるのはナツグミやビックリグミだが、山にはナワシログミやツルグミがあった。

土壌や日当りの条件で随分味が異なり、うまい実のなる木はしっかりと頭に記憶されていた。

棘には苦戦したがナワシログミがうまかった。渋いものが多い中、完熟するとまったく渋味を感じなくて、とろけるように甘かった。

大人からは「グミを食べ過ぎるとフン詰まりになるぞ」とよく脅されたが、死ぬほど食ってもそんな日にはあったことがない。

海岸線の山に多いツルグミは、ほかの木に絡みつくように生い茂っている。十一月に花が咲き、五月頃に赤く熟す。数年前に山道で熟しているのを食べたが、まったく渋味がなくて甘く美味だった。しかも大粒の実が数珠なりだから笑いが止まらない。

全部持ち帰ってジャムにしようと思ったが、周囲で鳥達が恨めしげにこっちを見ていたのでやめにした。

さぞかしこのグミを楽しみにしていたのだろう。あいつらも精一杯生きているのだ。

野人が木を離れたら、いっせいに群がってついばんでいた。グミの食べ頃は人も鳥も同じだ。

図鑑には、ツルグミはおいしくなくて、あまり食用にされないとあったが、魚介図鑑もそうであるように、学者ほど味覚音痴の人種はいない。美味と言われているとか不味いとか、要するにたいしたものを食ってはいないのだ。

マルバグミにも美味しい木がある。

海の食材も山の食材も味の幅は広い。徹底して食い尽くしてこそ全体像がわかる。

また同じ種でも、同じ味などない。マダイにしろアジにしろ、グミにしろキイチゴにしろ、うまいものはとことんうまい。一度食べたくらいで好き嫌いを論ずるのは早計で、うまいも不味いも、必ずその理由はあるものだ。

「腐ってもタイ」なんて言葉は、野人の価値観にはまったく当てはまらない。

腐ったタイを食うくらいなら、活きたメダカを食ったほうがまだ良い。海にはタイに匹敵するくらいうまい魚はウジャウジャいる。

日本人ほど名前、つまりブランドに弱い人種はいない。

浜のアスパラ

春は山菜の季節。野山を歩くと、つい下を向いてしまう。

しかし、上にも山菜はある。山菜の王様と呼ばれるタラの芽は、正確には木の新芽だ。コシアブラは、それ以上においしい。ウドの大木は「草」で、草イチゴが「木」だからややこしい。

食べるほうにしてみれば、どちらでも良いことだが、図鑑ではしっかりと分類されている。野草、木の芽、若葉、花など、ひっくるめて食べられるものを山菜と呼んでいる。

木でも草でも春の新芽は、栄養分が豊富でなにより美味しい。

代表的な菜飯にはリョウブ飯、ウコギ飯、クコ飯、ヨメナ飯があるが、ヨメナ以外はすべて木の芽だ。その中でもリョウブ飯は、毎年必ず食べている。

サルスベリは猿もすべってコケるという木だが、猿にちなんだツル性樹木にサルトリイバラがある。昔、有刺鉄線の代わりに猿除けとして使ったと思われるが、定かではない。藪に入ると痛くて本当にイヤなツルだが、根は漢方薬、ツルと赤い実は活け花、葉は昔から、かしわ餅ならぬ「いばら餅」に用いられている。この新芽も天ぷらにして食べられる。

花の新芽、つまり蕾のことだが、どこにでもあるフジ、モチツツジが天ぷらに良い。ピンクのモチツツジは一年中野山で見かけ、花の根元が鳥もちみたいにモチモチするから判別しやすい。

食用としてサラダにする花は多いが、甘くておいしい花は珍しい。

私が最も好む山菜に「山のアスパラ」と呼ばれるシオデがある。太くても小指ほどだが、茹でて食べると、本物のアスパラガスも負けるうまさだ。

これに対して、私が勝手に名付けた「浜のアスパラ」とは、ハマカンゾウの蕾。オレンジ色の花はユリに似ており、緑の蕾はオクラかシシトウのよう。仲間にヤブカンゾウ、ノカンゾウがあり、同じように食べられる。中華料理の金針菜は、この仲間の蕾を乾燥させたものだ。伊勢志摩の海岸に大量に自生し、初夏から夏中、蕾が味わえる。

昨年の夏、大勢をボートに乗せて海水浴と浜バーベキューに出かけたことがあった。野菜が足りず、たくさん生えていた「浜のアスパラ」を急きょ焼いてみたところ、「え〜、こんなもの食べるの！」と皆初めは躊躇していたが、やがて近辺のハマカンゾウは丸裸にされてしまった。カンゾウの仲間は、春の新芽を天ぷらやおひたしにしてもおいしいが、雑草として刈られてしまう。花も食べられるので、合わせて半年間も楽しめるのに。

ヘメロカリスのように観賞用としても重宝するから、遊休地の活用に最適だと思うのだが。

クルーザーに生えたキクラゲ

春の山菜や秋の木の実、キノコは、自然そのものの恵みと言える。

深海以外の地球上の生物はほぼ知り尽くされようとしているが、キノコほど人間を悩ませている生物も珍しい。人間の生活圏にあたり構わずポコポコ生えてきて、中にはあつかましい程デカイものもある。

しかも名無しや食毒不明は数千種に及び、名前がついていかないので新種だらけだ。山菜と同じように憶測で食することなく、食べるのは確信が持てるものだけにしよう。図鑑を見て判断せず、キノコの先生に教わるのが一番だ。

類似種やモドキなるものが星の数ほどあり、野人も冷や汗をかいたことがある。おいしいシロハッタケと信じ込んでひどい下痢をし、鑑定に持ち込んだら有毒のニセシロハツであった。

秋の山中には、王者マツタケやシメジのほか、見つけた人が舞い上がるところから名が付いたというマイタケ、身近な所にも、ボソボソしてはいるが吸い物でおいしいハッタケやアミタケもある。生える木を選ばず、天候に合わせて伸び縮みしているのがキクラゲだ。

キクラゲが海に住んでいると勘違いしている人も少なくない。木耳の字の如く、水分を含むとビロード質の耳になり、乾くと干しワカメが木にへばりついたようで、まるで忍者キノコだ。桃の枯れ枝、タラの木、エノキの根っこ、どこにでもあり、アラゲキクラゲが多い。

二十トンクルーザーの船長をしていた頃、船が古いせいか、木製デッキのキャビン入口にこの忍者キノコが生え、それをクルーがインスタントラーメンに入れて食べていた。

「排気ガスの味、しなかったか?」と聞いたら、やつは「結構うまかったです」と答えた。

キクラゲは海の中はともかく、海の上には進出する。

ちなみにキクラゲに味はほとんどないが、歯応えがあり、天ぷらにすると膨らんで面白い。

近ごろは野趣あふれるキノコより、流通に便利なオガ菌栽培のキノコが市場を占めている。

中国産のシイタケも物議を醸しているが、シイタケは原木栽培で、キノコの味はその鮮度にある。採取してすぐは、焼いても天ぷらにしても香りが強烈だ。低価格か風味かは消費者が決めることだが、原木キノコの採りたてはどれも間違いなくおいしい。

山桜に生えるナメコは、笠の径が五センチ、茎は小指ほどもあり、一本だけ焼いてもうまい。エノキに生えるところから名づけられたエノキタケも、ナメコの大きさに近く、茶色で風味豊かだ。オガ菌栽培で、ラッピングに都合の良い白いエノキタケは自然界にはない。天然のヒラタケは手の平よりも巨大になる。

何と言っても一番はシイタケで、国産シイタケの原木栽培が廃れていくのを見ると胸が痛む。干しシイタケやシイタケ料理は日本の代表的な食文化であり、精進料理には欠かせない。

野菜においても、肉や魚においても、食べ物の本質を知ることは、生きていく上で最も大切なことではないだろうか。

シイタケまで外国産に取って代わられ、味覚や食文化が失われていくのは残念でならない。

ジネンジョとムカゴ

自然薯の学名はヤマノイモで、生薬名「山薬」と言うくらい強壮作用がある芋だ。

小さい頃から、秋には必ず山へ自然薯を掘りに行っていた。

黒い土よりも赤土で出来る芋のほうが粘りが強く、畑で栽培して出荷する市販のサイズになるまでに六年はかかる。

掘りやすい斜面で出来るだけ太いツルを探すのだが、十二月になれば枯れて切れてイモの場所がわからなくなってしまう。根元に麦を蒔いておくと芽が出て場所がわかり、三月まで掘れる。

自然薯は前年の芋を養分にして、元のがしぼんだスペースに新しい芋を出す。初年度の芋が年々膨らむわけではない。地中深く掘り進み、翌年も同じようにして穴掘りを引き継いで行く。

親子何代にも渡って一メートル以上、硬い土を石や岩を避けながらムクムク掘り進むのだ。

やつらにはそれだけの根性が詰っている。だから強精、強壮作用で重宝されている。

成長がピークになり、秋になると「ムカゴ」と言う玉を無数にぶらさげる。芋の食べ頃はその玉が一番膨らんだ時だ。ハート型の青い葉が黄に変わるのは「早よ食わんかい」という信号だ。

ムカゴは栄養繁殖ともいい、花や実を経由せず、勝手にポコポコはみ出て肥大する何とも便利な分身だ。自然薯の種イモだから、中身は芋と同じ。

一般的な調理法は「ムカゴめし」「塩茹で」「素揚げ」など加熱ばかりだが、よお〜く考えてみなさいね。自然薯や仲間の長イモなどはどうして食べる?

加熱もあるが、大半は生食だ。だからムカゴも生が一番美味しく食べられる。簡単な道理なのだが、ムカゴの生食料理は探しても見当たらない。

消化酵素を大量に含むムカゴは、生でいくら食べても何の問題もない。短冊にするまでもなく、ちっこくて食べやすいサイズなのだから包丁もいらない。そのまま口に放り込めば簡単なのだが、飽きたらサラダに入れるなど、ほかの食べ方を試せばいい。

ただし、野人の言うムカゴとはあくまで山のもので、畑で栽培した自然薯や他のイモ類のそれとは異なる。野菜や栽培自然薯同様に、肥料で膨張させ短期収穫したものは、味が薄く香りもなくて水っぽい。買って何度か食べたが、ムカゴ本来の生命力は感じられない。

ムカゴは生命のサプリメント。こいつを知っていれば、山で遭難しても命を繋げる。葉が黄色くなってムカゴがなくても、足元を見れば落ちているから十二月になっても採取出来る。

簡単に採れて生食出来る木の実、自然薯、ムカゴ、ヤブランの根のコブなど、知っているかいないかが生死の分かれ目になることもあるだろう。常日頃からこれら山の植物に馴染み、四季を味わう食生活を楽しんでいれば、きっと病に苦しむことも減少するだろうな。

元々、根性とは女性にはない精力のことで、その語源はヤマノイモにある。逞しい根の性という意味だ。掘る労力もかかるので、価格は真っ直ぐな市販のものに比べて数倍する。

栽培するヤマノイモは柔らかい土に肥料を入れ、一年で商品にするから自然薯とは言い難い。四年を一年に短縮する養殖マダイと同じように、天然ものと栽培ものはまったく「別物」なのだ。味も粘りも生命力も異なる。

イノシシから学んだこと

秋から冬にかけて、野山は猪の天下になる。

やつらはシバグリ、シイ、ドングリ、ヤマイモなど、所構わず掘り起こしては貪欲に食べ散らかす。時には里まで下りてきて、芋畑や田んぼも荒らしていく。その逞しさからして、他の鳥獣のように保護される日は当分来ないだろう。

猪は鹿と並んで、古代人の貴重な食糧とされてきた。狩人たちに取り囲まれ、弓矢や槍を体中に受けながらも突進して行く絵図が思い浮かぶ。

現在でも猟師は猪を相手にしている。十一月の解禁と同時に、訓練された犬を連れて山に入る。鉄砲を撃つことより、その味を目的にしている人のほうが多いのではなかろうか。

私は猪が大好きだ。かわいがるほうではなく、むろん食べるほう。

ハンターのほとんどが、国内で一番うまい肉は猪と信じている。肉もさることながら、猪のうまさは脂にある。豚の脂とは異なり、熱を加えても溶けず、食べるとコリッとして、口の中でさっと溶ける。しつこくないからいくらでも食べられる。

春から秋は脂ものらず、発情期にはアンモニア臭がきつい。大きさや場所、処理の仕方によっても味は変わる。猪を食べたことのある人に聞くと、八割が「あんな臭いものこりごり」と言い、二割の人が「あんなにおいしいものはない」と言う。最初に習ったことや体験で決めつけず、探求心を持って様々な角度から眺めてみるのが大切だ。

魚でもそうだが、処理や鮮度の悪い刺身は、生臭くてまずいに決まっている。

猪も魚も、そういう類は食べないようにしているが、決して彼らが悪いわけではない。

品質が安定している加工食品と違って、植物も含めた生き物を食す時は、自身の舌と知識が頼りになる。人間をはじめ、ほとんどの動物は、他の生命を奪って生きていくという自然の摂理には逆らえず、食の判断を誤ったり、餌を取れなくなれば、生きてはいけない。

農薬や防腐剤、添加物のチェックも大事だが、もっと根本的なこと、本来の植物、魚介、肉はどのようなものなのかを知っておくほうが重要ではなかろうか。自治体や食品会社に任せきりではなく、自分で判断して子供たちに伝えていくことが、親としての義務であり、食文化の継承となる。哺乳類では人だけが基本的義務を怠り、地球生物としての本能から遠ざかっていく。

現代人が抱えている諸問題は、すべてそこに端を発している。生命を理解せずに自然を語ることは出来ない。自然とは環境や景観ではなく、生命そのものだから。

動物をかわいがり、木を植えるのも良いが、勇気を持って食の世界にチャレンジしてほしい。

自然は、生き物の住まいである前に、台所であることに間違いない。

猪をはじめ、鹿、雉、木の実や山菜、魚介類から学んだものは大きい。

健康な動物とは異なる柔らかい肉や脂、どこか違う野菜や果物、得体の知れない水産加工品…すべてを避けて通ることは出来ないが、少なくとも私は材料表示に頼らずに、その食材の本質を見分けられるようになった。

中年男の郷愁を誘うニッキ

シナモンは誰もが知っている古くからの香辛料で、料理やお菓子作りには欠かせないものとなっている。

シナモン、カシア、ニッキと三種類あり、どれも同じクスノキ科だが、木の種類は異なる。厳密に言うならシナモンと呼べるのはスリランカ産だけのようだ。

三種それぞれに香りは微妙に違うのだが、成分は同じ「桂皮アルデヒド」だから、同じような使い方をして一向に構わない。まあ細かいことは言わずシナモンはシナモンで良いだろう。

カシアとは中国の「シナニッケイ」のことで、ニッキとは日本の「肉桂」だ。

シナモンは皮のコルク層を除去した薄い皮を、何枚も重ねて丸めたもので辛味はない。

カシアはコルク層がついた厚い皮を丸めたもので、シナモンより香りが強く、日本で一番売られているものだ。

肉桂の樹皮は香りが弱くて用いられず、根の皮に強い香りと辛味がある。日本で古くから親しまれているニッキ飴や八つ橋やニッキ棒には、この肉桂の根が使われていた。シナモンティーとはルーツが異なる。

原産地は中国南部からベトナムにかけてだが、現在の主要産地は中国、ベトナムをはじめ、タイ、カンボジア、スリランカなどだ。日本でもわずかだが生産されている。

紀元前四千年頃にはエジプトのミイラの防腐剤として使われていた記録がある。

同じクスノキ科のクスノキは防腐剤「樟脳」の原料だから、ニッケイにも同じ効果があるのだろう。クスノキもニッケイと同じ香りを放っている。

シナモンは砂糖と相性が良く、甘味を引き立て、摂氏四十度前後でもっとも香りが強くなるようだ。野人は子供の頃、よく駄菓子屋でニッキ飴やニッキ棒を買って食べた。懐かしさを憶える男性も多いことだろう。

小学校の遠足では、毎年春秋に三時間かけて登った山の頂上近くにニッケイの大木が一本あり、必ず数人でこっそり採りに行っていた。土を掘る小型スコップとノコギリとナイフは必需品で、帰りのリュックはニッケイで満杯だった。

当時から樹皮に香りはないことはわかっていた。持ち帰ってよく洗い、天日に干したのを、毎日ポケットに入れて学校に通った。

ビーバーのように樹皮だけかじるのだが、一番香りの良い根の太さは決まっていた。本物の肉桂だったとは思うが、山には似たような香りの「ヤブニッケイ」があり、今となっては定かではない。ヤブニッケイと違って、肉桂は山に自生していないことを知り、自信がなくなったのだ。

たとえヤブニッケイだったとしても十分おいしかったことは確かだ。

ニッキは中年男の郷愁を誘う（笑）。

野人の家にも農園にも肉桂を植えてあるが、いまだに根を掘り起こして食ったことがない。木がかわいそうで…。

トカラ山羊づくし

日本列島最後の秘境と呼ばれるトカラ列島は、屋久島と奄美の間に位置し、正式には鹿児島郡十島村で、有人七、無人五の島から成っている。

トカラとは沖の海原を意味する「トハラ」から派生した。波静かな珊瑚礁の島ではなく、黒潮本流の真っ只中で、かつては多くの船が難破した。

活火山のある諏訪之瀬島は、住民五十人。全島が溶岩と火山灰と琉球竹に被われ、大噴火で全滅した歴史を持つ。噴火は日常茶飯事で、ドーンという音とともに火柱が上がり、溶岩と岩石と噴煙が空に舞うが誰も気にしない。飛んだ石の直径が数メートルあっても「いちいち気にしていたら住めん」と村人は言う。

灰の降る日、車のワイパーは動かず、仕方なく水中メガネでバイクに跨った。

農地の少ない極限の島では助け合いの絆が強く、産物は皆に分け与える習慣が残っている。大昔飼っていた牛や山羊は島中に散り、野生化して手に負えなくなっている。餌なんてやらないから、当然数も把握出来ない。村人は「あの山から向こうは俺の山羊だ、牛だ」と勝手に決めつけていたが、ヤツらはいつも移動していた。

船から見ると、断崖絶壁の斜面に山羊が群れてへばり付いている。こちらに食べる準備は出来ているのだが、落ちそうでなかなか落ちない。山羊と言っても、白くておとなしいあの山羊ではない。茶色で手足が太く、特に群れのボス（オス）は体格も角も立派で気が荒い。

二十四歳でこの島に着任早々、ジープで巡回中に目の前を山羊の群れが走り抜けた。上司の「肉だ！捕まえろ！」の一言で反射的に車から飛び出し、竹藪の中を追いかけ、弱くて美味しそうな一頭に狙いを定め、まんまと崖に追いつめた。

後ろからタックルしようとしたら、そいつが振り向いた。「イカン…目が据わってる」と思った瞬間、鋭い角を向けてこちらへ突っ込んでくる。嫌でも角をつかむしかなく、まるで真剣白刃取りだ。しばらく睨みあいが続く。山羊は目と歯を剥き、鼻息も荒く首を振る。窮鼠猫を噛むとはこのことで困り果てた。無医村だからやられたくはない。

ついに山羊をねじ倒し、ロープで足を縛りつけ、二人で棒で担ぎジープまで運んだが、どうしてもパプアニューギニアの裸族のイメージが付きまとう。でも、これでやっと肉が食える。

村に持ってゆくと、メスは繁殖して食べ物を与えてくれるから逃がせと言う。オスしか食べないのだ。自然に生かされている人々の生活の知恵だった。

しばらくして村人総出で山羊を数頭捕まえてきた。網を張り、鍋をガンガン叩いて追い立てたらしい。たまらなく原始的だが、角が網に絡み、突かれずに安全だと言う。

それから三日間、毎日オス山羊をご馳走になったが、臭みがなくて柔らかく、うまかった。焼き肉、天ぷら、すき焼き…さすがに三日目の朝の山羊味噌汁には閉口したが、牛に比べるとはるかにマシだった。

以前そうやって捕まえてきたバッファローは鮮度が良すぎたせいか、ゴム草履みたいでとても噛み切れるシロモノではなかったが、そのときも我慢して尻尾まで食べ尽くした。

野生のブドウ

国内には三種の野生ブドウがある。ヤマブドウにエビヅルにサンカクヅルだ。ノブドウは、ブドウの名は付いているが葡萄の仲間ではなく、食べられない。ヤマブドウ、サンカクヅル、エビヅルの順に、深山から民家近くへと生息する。

ヤマブドウが一番大粒で、葉は普通の葡萄よりも大きい。後の二つは、実は直径五ミリ程度で、房は五~十センチ。葉にそれぞれ特徴があり、エビヅルは先が分かれ、裏面は茶色のビロード質のような軟毛が生えている。サンカクヅルの葉は、三角形で無毛だ。

エビヅルは、日本に今の葡萄が伝わるまでは「エビカズラ」と呼ばれ、エビには「葡萄」の文字が当てられていた。エビヅルの液果を潰して出る薄紫色を「エビ色」と呼び、そんな由緒からブドウという言葉が今も使われている。つまりエビヅルがブドウの名のルーツだ。

果実は秋に熟すと黒くなり、酸味と甘味のバランスがとれておいしい。自然の風情たっぷりの逸品だ。株によっては酸味が強いのもあるから、加工用にすれば良い。

秋の山では、毎年このエビヅルとサンカクヅルで喉元を潤している。エビヅルをジンやウォッカに浸けると、惚れ惚れするような美しい紫色になる。カクテルのプロも感嘆するくらいだ。畑で栽培し、染料として使えば素晴らしいと思うのだが…。

エビヅルは両方の目的で、ヤマブドウと共に野人の農園にも植えてある。エビヅルよりも山奥に生息し、数の少ないサンカクヅルは、別名「行者の水」と呼ばれ、山中で修行する行者が幹を切った汁で喉を潤していた。貴重な水分になるのだ。同じように「葛」のツルも切ると水が噴き出すから、覚えておくと良い。山での遭難は、水の確保が命運を分ける。

類似種にはただ一種アオツヅラフジがある。これは毒草だが、腎臓に効く薬草でもある。

細いツルはしなやかかつ強靭で「つる細工」に最も向いている。葉はつやがあり、丸いハート型をして実の房は球形になる。

ネットで調べておくと良いが、一番の見分け方は味見してみること。甘味がなくて苦いから、すぐに吐き出せば済む。それほど猛毒ではないから、味見程度では何ともならない。

毒草もすべて味を見て、自ら人体実験したからこそ「野人」なのだ。

見聞きして覚えた机上の理論だけで、話したりはしない。

万葉ロマンを想起させるオケラ

オケラといえば、誰もがあのアメンボの友人を連想するだろうが、そうではない。植物の名で、キク科の多年草だ。山菜として価値が高く、「山でうまいはオケラにトトキ、里でうまいはウリナスカボチャ」と図鑑に記されるくらい古くから親しまれ、春の新芽をおひたしや天ぷらにすると抜群においしい。

ワラビやセリ、フキやツクシは誰もが知る山菜だが、オケラやトトキを知る人は少ない。トトキはツリガネニンジンの俗称だが、オケラはれっきとした学名。両方とも地域によっては希少植物の部類に入る。

魚の中で一番歴史とストーリー性があるのは出世魚のボラだが、植物ではオケラだろう。山菜として食されるだけでなく、生薬としても用いられ、根茎は胃腸薬で天武天皇も煎じて飲んでいたと伝わる。また、正月の屠蘇には健康を願って薬草がブレンドされるが、平安時代からオケラはその主薬草だった。万葉の時代には「ウケラ」と呼ばれたが、その語源は今も定かではない。

万葉集の中から、詠み人知らずの歌を三首紹介しよう。

恋しけば袖も振らむを武蔵野のうけらが花の色に出なゆめ
我が背子をあどかも言はむ武蔵野のうけらが花の時なきものを
安宵可潟潮干のゆたに思へらばうけらが花の色に出めやも

無粋人なので意味はよくわからないが、どれも恋心を詠んだ歌のようだ。たくさんの野の花からオケラが選ばれたのは、派手さがなくて目立たず、かと言って地味ではなく、しっかりと自己主張をしている、そんな姿に女心を重ねて切々と詠った…との解釈が付けられていた。

オケラは古来から様々な行事にも使われてきた。

京都には除魔招福を祈願する「おけら参り」の伝統がある。

大晦日に八坂神社でオケラを焚き、初詣に来た人に「おけら火」を吉兆縄につけて持ち帰らせる行事で、この火を雑煮など正月料理の火種にしたり、神棚や仏壇の灯明をともすのに使う。この祭りのために八坂神社の境内ではオケラが栽培されているのだ。

植物に関わるようになってから、情熱を持って探し続けた一つがオケラだった。京都周辺の山地に多く自生し、他でも地域によってはよく見かけるが、三重県内には非常に少なく、初めて山で発見した時はかなり嬉しかった。

トトキはよく見かけるが、コゴミとオケラだけは、未だに二箇所しか群生地を知らない。

そこから毎年少しずつ根茎を掘り取り、自家農園で増やしているものの、繁殖力が弱く、なかなか思い切り食べることが出来ない。タネからも大量に育てているが、こちらも成長が遅い。花を囲むガクのようなものは、まるで魚の骨そのもの。

日本人の暮らしに深く関わってきたオケラの花と葉の形が、野草の中では一番好きだ。

オケラは古代のロマンを想起させてくれる。

伝説の妙薬クコ

クコ（枸杞）はナス科の落葉低木で、その実は漢方の生薬とされ、薬膳などにもよく使われている。

実と葉はそれぞれ、枸杞子、枸杞葉と呼ばれ、高血圧に。根は地骨皮として解熱に使われる。

野人もクコはよく食べた。乾燥した実は売っているが、主に食べたのは葉のほうだ。

実は熟すと甘いが、やや生臭く、ドライフルーツにしたほうが食べやすい。うまいのは若葉で、山菜としては優れもの。クコは逆さまに食うとコクがあっておいしいのだ。

古くからクコ飯としても利用されており、塩茹でしたものをご飯にあえて菜飯にする。

新芽の枝も柔らかく、緑の枝ごと天ぷらにしても良い。生でかじってみて苦味のないものはサラダで食べられる。野人はタンポポ同様に、マヨネーズをかけて食べていた。タンポポもクコも半日陰のものは苦味がない。

クコは、アスパラギン酸など九種の必須アミノ酸すべてを含む十八種のアミノ酸、ビタミンなどを有し、薬効だけでなく健康栄養食品としても優れている。

抗酸化作用や肝機能向上の効果もあり、中国だけでなく、日本にもクコを一ヵ月以上食べ続けたら、視力が改善したと言う臨床実験もあるくらいだ。

クコの特長はその生命力で、庭に植えたら土中深く根を張って増殖し、やがて庭中を占領されてしまう。野人農園にもあるが、今年の春に仮植していた苗を定植しようと掘ったら、土中深く根を伸ばし、ハンドシャベルではとうてい無理で、スコップで掘り起こした。

元同僚は黄疸を患い、手の平も黄変して一時は生死の境をさ迷った。もはや医者の手にも負えず、庭中クコを増やして食べ続けた結果、見事完治し、大喜びだった。

野人は、それはクコの薬効というより、肝機能を正常に戻す生命力の賜物だったと思っている。いずれにしろ、まだまだ奥の深い薬草のようだ。

クコほど不老長寿伝説の多い植物はない。

秦の始皇帝より、不老不死の妙薬の探索を命じられた徐福が、日本で探し当てたのがクコであったとか。平安時代の文徳天皇のクコ庭園の管理人が、クコばかり食っていたため百二十歳まで生きたとか。百八歳までボケずに大往生した大海僧正が「秘訣はクコ飯を常食するのと物事にとらわれないこと」と述べた文献も残っているらしい。

中国古代の薬学書『神農本草経』には、「クコは命を養う薬」と書いてあり、貝原益軒も『大和本草』で「クコは最良の薬菜」と述べている。

日本の公式記録の発禁書第一号、つまりエロ本だが、それを書いた時の為永春水は、クコ飯を常食して高齢だったというから大したものだ。

野人が一番感心し、気に入った伝説は久米仙人の伝説で、クコを常食した彼は百八十六歳まで生きたという。飛行術を習得し空を飛んでいた時、川で洗濯中の娘の、腰巻からはみ出た足に目がくらみ墜落したらしい…確かに精力も充実していたようだ。

ちなみに、それが元で死んだかどうかは定かでない。

ヒラタケの吸い物

古くからの友人が、作ったミカンと猪肉と、野生のヒラタケを届けてくれた。野生と言っても、コナラの切り株から出たものだから、コナラの原木栽培と味に差はない。ヒラタケは、スーパーにブナシメジが出て来るまでは「シメジ」として売られていた。ビンにオガ菌を詰めて栽培したもので、今もヒラタケとしてブナシメジと並び売られている。ねずみ色のシメジがそうだが、うまい本シメジは土中に菌床を作るキノコで、マツタケと同様、栽培することは出来ない。

野人もコナラやエノキの大木を伐り出し、輪切りにして、シイタケのほかヒラタケ、ナメコ、エノキタケ菌を入れて寝かせ、土中に半分埋めて、キノコ園を彼と一緒に作った経験がある。還暦をとうに越えた友人は会社の取引先で、野人の言う通りに、遊歩道造成だけでなく、水生植物の沢や野生ツツジ群生地、ツバキ谷などを開拓管理。アジサイを挿し木で二千本増やし、野人設計の花菖蒲園も作ってくれた。

彼はキノコ、炭作りなどの師匠でもあった。代わりに、植物のことは野人が教えた。ブッシュになって人の侵入を許さない森を、一律に伐採せずに道を作るのは、貴重な樹木や草を残すので手間と時間がかかる。野人指導のもと、広大な山林に元の樹木を残しつつ、三千本の果樹を共生させたアグロフォレストリーも彼が作って管理してくれた。

野人が去ってからは荒れ放題だが、今でも茂みをかき分けて入ると、フェイジョアや甘夏やスダチ、梅やスモモ、栗がなっているようだ。もったいない話だ。

野人が退職して十数年になるが、彼とはいまだに交流があり、色んなものを届けてくれる。

大型のヒラタケの食べ方は色々あるが、特徴は歯ざわりよりもその独特の素朴な旨味だ。

水分を閉じ込めるホイル焼きも良いが、吸い物が最高なのだ。ヒラタケ以外は何も入れない吸い物にして、その味を久しぶりに満喫した。

すべての魚もそうだが、目をつぶって飲んでもヒラタケの味は判別出来る。野人は、素材の味がはっきりとわかるストレートな料理が好きだ。

残りは炊き込みご飯や鍋に使おう。なくなったら、また持って来てもらえるし。ヒラタケは秋から冬のキノコ。どうせ自分の山でたくさん作っているだろう。

野人は、自分の家が欲しいとは思ったことがないが、食材の宝庫にした山くらいは持ちたいと思っている。ウナギやアマゴの沢だけでなく、建材から燃料、道具、果樹、木の実、山菜、キノコ、薬草、野菜など、必要なものすべてが自給できる野山だ。肉は猪などを捕獲する。油もろうそくも作れるからランプでも良いが、必要なら水力発電機も作れるし井戸も掘る。

青写真は昔から出来ているのだが、いかんせん造る時間がない。

そのために元の会社を退職したはずだったのだが…。

リョウブ飯

春の七草に始まり、ノビル、フキノトウ、ツクシ…冬から春にかけては、山菜が真っ盛りになっていく。

山菜の食べ方は天ぷらとおひたしが大半で、個人的に好きな「菜飯」にして食べられるものは限られている。菜飯は、炊き上がった白飯に後から菜っぱを加えれば完成だ。代表的な菜飯は、ウコギ、クコ、ヨメナなどだが、どれもまあ「おいしい！」とまではいかず、春の香りを楽しむ程度のもの。

野人の好物で、毎春必ず食べているのはリョウブ飯だ。

リョウブは野山の何処にでもあり、山道を走れば必ず道端で見かける。樹皮に特徴があるので誰でも見分けられ、枝先の新芽はいくらでも簡単に摘める。

リョウブの木の皮はサルスベリそっくりだ。幹の表面がツルツルで、登ろうとしたサルが滑るという、あの木肌に。地域によってはそう呼ぶところも多い。真夏に赤やピンクの花を咲かせるサルスベリは、園芸種だから庭や公園にしかないが、リョウブは野山に自生している。

数年前、県から地域おこしの講師として派遣された山間集落には、至るところにリョウブとクマザサが自生していた。そこで、道の駅の特産お弁当として「リョウブ飯」と「熊笹茶」を勧めたところ、年長者全員が口を揃えて「これはサルスベリだ」と言い張った。

その昔、物知りの長老がそう判断して以来この名が定着したようで、どう説明しても納得してもらえない。

「そげんこつ言うても、子供の頃からずっとサルスベリじゃったし…」

「夏に咲くサルスベリの花は派手で綺麗だが、この花の色は?」

「……」

これだけ無数のサルスベリが自生していれば、野山は百花繚乱のはずだが、リョウブの花は記憶にないくらい地味なのだ。まあ、どう呼ぼうと好きにすればよい。

「サルスベリ飯」では食欲もわかず、ずっこけるだろうが、喉越しは良さそうだ。

リョウブの名の由来は、平安初期の律令国家の時代、飢饉に備えて強制的に農民に植えさせたところから来たのだろうといわれている。

非常食として乾燥させ保存。ご飯に混ぜて炊き量を増やすのだ。律令の布令というところから「令布」という漢字があてられたらしい。

生葉をご飯に炊き込んで食べてもクセがなく、うまくもなんともないが、さっと塩茹でして水にさらし、細かく刻んだものを、炊きたてのご飯に塩とまぶして食べたら絶品だ。香りもコクもあり、他の菜飯より断然おいしい。天ぷらにしてもそれなりにうまい。

リョウブ飯は、昔から行者さんも好んで食べているようで、山修行の香りがしないでもない。木の芽は成長エネルギーの塊だ。行者はおそらく精を付けるために食べていたのだろう。

精を何処に使うかはその人次第。ヨコシマな煩悩は捨て去り、行者のように体力と精神力増強に使えば問題ない。

シイは天然のサプリメント

シイの実は、太古から動物が競って食べた貴重な木の実だ。

人間からイノシシ、リスやネズミ、狸に鳥までが群がり、地に落ちるとあっと言う間にそれぞれの胃袋に収まる。

最後まで残っているのは寺や神社などのシイで、綺麗に整地された地面には生物も少なく、晩秋まで拾える。

子供の時から食べていた人はわかるのだが、これだけドングリが多いと、どれがどれだかさっぱりわからない。実はドングリなどという木は存在せず、樫や椎などの実の総称なのだ。

アラカシ、シラカシ、ウラジロガシなど樫の木、シイタケの原木になるコナラ、備長炭になるウバメガシ、クヌギやカシワの木など、一般的なドングリの木は数十種ある。

いろんなドングリを拾い集めるのも楽しい。ドングリと葉を見れば、野人にはだいたい木の名がわかる。

シイの実には特徴があり、簡単な判別法を書いておく。

落ちているドングリだけ見れば難しいが、一緒に落ちている「がく」で見分けるのだ。

代表的なシイは「スダジイ」と「ツブラジイ」で、スダジイのほうが大きくて食べやすい。

スダジイの実は「お椀」みたいなガクを持つほかのドングリと違い、ガクにすっぽりと包まれ、落ちる頃には先端が三つに裂けて実が顔を出す。

葉の特徴は、先端が細く曲がっていること。葉の裏は、樫類は同じ緑だが、シイは「茶色の皮質」になっている。

落葉樹のクヌギやコナラは別にして、常緑の樫の木は樹皮がすべすべのものが多いが、同じ常緑のスダジイの樹皮には「ガサガサ亀裂」が入っている。

もっと簡単なのは、生でかじって見ること。

ほかのドングリは渋いが、シイは渋味がなく生で食べられる。

寺や神社には昔からシイが植えられているが、太古から生命を支えてきた木の実であり、飢饉の時にも役に立つからだ。

伊勢神宮の駐車場にも大量に落ちているが誰も拾わない。たぶん知らないのだろう。知っていれば拾うはずだ。

通りがかった親子に聞かれたので教えたら、車から袋を持ってきて拾っていた。子供は生でかじっていたが、初めて食べたようだ。伊勢参りがよい経験になった。

シイの実を始め、木の実には生命力があり、栄養分もバランスよく詰っている。

世の中では最高の天然サプリメントであり、カロリーメイトなのだ。しかも、その気になればいくらでもタダで拾える。

健康を害している人は、日に五粒でも薬のように食せば効果抜群だと思うのだが、そのように利用している人には未だお目にかかったことがない。

イタドリ好きの村

イタドリは全国何処にでも生え、農家からは厄介者扱いされている。ウドの大木と言われるヤマウド同様に成長が早く、巨大な空洞を持つ茎が年々増えて、大株になる多年草だからだ。

ヤマウドより繁殖力ははるかに旺盛で、成長するとなかなか手に負えない。枯れて硬くなると、人も通れず、土壌も硬く締まってくる。

イタドリに勝てる植物は「葛」くらいのものだろう。どちらも線路の斜面を覆い尽くしているのをよく見かける。

このイタドリ、捨てたものではない。草に負けない特性を活かして、野人はイタドリ畑を作ろうと思ったことがあるくらいだ。わざわざイタドリを畑に植えるバカはいないだろう。イタドリで埋まれば、それこそ手に負えなくなってしまうからだ。でもそうなれば、晩秋の草刈り一回だけで毎年楽に作物の収穫が出来るのだ。

イタドリは薬草であり山菜でもある。

その根は強靭で、生薬名「虎杖根（コジョウコン）」、すなわち虎の杖という猛々しい名がつけられ、ジンマシンや鎮痛に用いられる。痛みをとるからイタドリと言う和名がついた。

酸味を含むものの、食べ方によっては抜群にうまい山菜だ。

小学生の頃、春の遠足の度に帰りのリュックはワラビとイタドリで膨れ上がっていた。

イタドリは皮を剥いて生食するのだが、酸っぱくて正直おいしいとは感じなかった。ただ採るのが楽しかったのだ。だから皆で谷へ降りては、手首ほどもある太いやつを競い合って探した。

イタドリの本当のうまさを知ったのは五年前だ。

ある集落では村中全員が好んで食べていた。

もっとおいしいカンゾウなどの山菜には見向きもせずに、ひたすらイタドリだけを追いかけていたのだ。

その料理を食べて納得した。それまでのイメージが一掃されるくらいおいしかったのだ。

さっと熱湯にくぐらせ、一晩流水に晒すと酸味が抜ける。それを炒め物や煮物に使うのだが、たまらなくうまい。スーパーで売られる惣菜などとは比べ物にならない。フキなんかより、はるかにおいしくて食も進むのだ。

だから村人は、こぞってイタドリを狙う。イタドリを折る時のボキ！という音が心地良いからか、子供たちも喜んで収穫に熱中する。

道端でイタドリを見かけたら、ぜひ料理に活用してもらいたい。

塩漬けにすれば、いつまでも保存が出来るし、茹でてから冷凍しても良い。加熱しても目減りせず、どんな料理にも使える優れものなのだ。

今年も頑張ってイタドリを採ってきて、多彩な料理に挑戦してみるかな。

ベーコン炒めも、ピクルスにするのもいいな。

フユイチゴの独自性

真冬の野山はシーズンオフ。植物も動物も昆虫たちも、春までの眠りに就く。

ベリー類は春から初夏、ナッツ類は秋に結実するが、冬でも健気に甘い実を付けるのが、その名もフユイチゴだ。数多いベリー類の中で、たった一種だけ完熟期が正反対の季節になる。

真冬の山や林の淵で、甘酸っぱく美味しい野イチゴが食べ放題だとは誰も思わないだろう。

知る人は別にして、初めての人はもれなくその発見と味に感動する。

山深くへ分け入る必要もなく、山道沿いに多いから、車を止めてすぐ採取できる。ベリー類の一般常識からすれば「冬のその他」と、仲間はずれにされているように見えるが、自然界には道理なく存在するものなどない。必ず理由があるのだが、植物学会はありのままを学ぶのが常識であり、「何故」と言う物理的追求心は乏しく、生物の授業も覚えることが中心なのは残念だ。

一般的なイチゴは、分類によってはスイカやメロン同様に野菜、つまり樹木ではなく草類となる。ヘビイチゴは草類だが、キイチゴ類は黄イチゴではなく、木イチゴと書き樹木になる。背丈の低い草のような「草イチゴ」も分類上は樹木なのだ。

キイチゴ類の中で最も背丈が低いのがフユイチゴで、特徴は地を這い横に伸びてコロニーを作ること。分類は「バラ科キイチゴ属のつる性常緑小低木」。背丈が低ければ、当然のようにほかの木や草に負けてしまう。

そこでフユイチゴは、最も過酷な環境、乏しい陽光でも生き延びる術を身に付けた。

真夏には、陽光も当たらない表土に伏して耐え忍び、落葉樹の葉が落ち始める九月から十月に目立たない小さな花を咲かせ、陽光が十分に当たる十一月から翌一月まで、長期にわたって赤い実をつける。実りの秋に花を咲かせ、ひとり実りの冬を迎えるという、ほかのイチゴたちとは異なる独自の道を選んだのだ。しかも森の条件に合わせて結実期が三カ月以上と、野生ベリー類の中では極端に長い。

枯れ草が多く、土が冷風に晒される真冬に表土を覆い、乾燥や寒冷から木の根を守り、花は虫を呼び、果実は生き物を呼ぶ。温かければここで越冬する虫達も多いし、虫も鳥もフンをする。鳥や生き物にとっては、真冬に貴重な食料をもたらしてくれる果実であり、樹木にとっては保湿、暖房の役目だけでなく、動物性肥料まで招き入れてくれる立派な植物なのだ。

フユイチゴにとって、陽光を遮る木々はほかの植物から身を守ってくれる鎮守の森にほかならず、フユイチゴと木々は協生関係にあると言える。

フユイチゴは人が作った不自然な植林地でも、その存在感を示している。種は発芽する場所を選べないが、放置された植林で陽光が完全に遮断されても、つるを伸ばして横に移動することで、わずかな光を捉えてそこに根を下ろす。繁殖力が強く、それで十分子孫を残せる。

一つのつるに数百個も実を付ける最高の条件を備えた場所は…谷合いの田んぼの跡地のミズキ林やクヌギ林だ。夏は真っ暗で天敵に遭わず、秋にはすべてが落葉。

外からは赤い実が見えなくとも、上に溜まった落ち葉をかき分ければ、ズッシリ重いフユイチゴが、ルビーの首飾りのようになっているかも。

危ない食材を食べるなら

食うか食われるか――の言葉通り、世の中には危ない食材がたくさん存在する。思えばこれまで危ない目にも遭ったが、おかげで随分おいしい思いもした。

世界は広く、海にも陸にも猛獣がいて、毎年犠牲になる人は少なくない。

日本ではそれほど大袈裟に考える必要もないが、それでもサメ、熊、猪などはかなり危ない食材だ。熊に出くわしたことはないが、サメとは何度か怖い思いをし、猪には苦い敗北を味わったことがある。

夕方の山中で草むらに猪の尻尾を見つけた。抜き足差し足で忍び寄り、後ろ足をつかまえようとした瞬間、起き上がったのは八十キロを越える大物。

「アゲ〜！」とばかりに、近くの木に飛びつくと、ヤツは「ブヒ！」の一言を残して立ち去った。だいたいデカイ図体に、あんなにちっこい尻尾というのが納得できない。大事なイモ畑を荒らされたこともあり、屈辱感をバネにリベンジを誓い、体を鍛えぬいた。

今では猪も熊もサメも大好物だ。

食われるとまではいかなくとも、噛みつかれて痛い思いをし、場合によっては命を落とす食材もある。マムシ、海蛇、エイなどは、処置によっては命取りになる。オコゼは刺されるとパンパンに腫れ上がり悶絶する。それはもう蜂の比ではない。

子供の頃、蜂の子をバター炒めで食べたくて、捕りに行って返り討ちに遭い、数ヵ所刺されて学校を休んだ。おいしくはないがタヌキだって噛みつくし、アナゴに噛みつかれても血が出る。タコも反撃し、カニを砕く口で咬まれると痛い。

まあ命あるものを食べようと思ったら、それくらいのリスクは仕方ない。

陸で一番恐れられている小動物はマムシだ。映画では忍者がマムシを操り、咬まれた瞬間に毒が回り苦しみ、ガクッ！と息絶える。子供心に何て恐ろしい生き物だと信じていた。

だから今でもマムシは必要以上に恐れられているが、マムシは人を襲ったりしない。

食材とまではいかないが、ムカデだって人を避ける。むしろ蚊やヒルのほうが好んで人に食らいついてくる。マムシに噛まれたら血清があるが、ほかはただ痛みを我慢するしかない。そんな思いをしてまで食べようとするのは本能か、ただ単に食い意地が張っているかのどちらかだ。

野心を持って挑んでやられたら仕方ないが、たまたま災難に遭った人はたまらない。山にはマムシのほか、スズメバチ、アシナガバチ、ムカデ、海にはエイ、オコゼ、ゴンズイ…。

最も有効な対処法は、毒に耐えることでも薬でもなく、毒を一秒でも早く吸い出すこと。中途半端なやり方では効果がなく、最低でも二十回は必要だ。たとえ血が出なくなっても続ける。オコゼ、ゴンズイ、ムカデに刺されて実施したが、痛くも痒くもならなかったから効果的だ。もし、あらぬところをやられたら…それはもう人に頼むか、あきらめるしかない。

クラゲは例外で、刺されたら毒は回るが血が出ない。糸が張りついている場合があり、刺された箇所に口を近づけると当然唇が腫れるので要注意だ。

野生ブルーベリー「シャシャンボ」

これを見かけたら食ってみなさい…と言っても、知らない人のほうが圧倒的に多い。「シャシャンボ」は暖地性のブルーベリーで、海岸寄りの山地に自生している。あるところにはいくらでもあり、小粒だが大量に採取出来る。大きさはワイルドベリー、ビルベリー程度だが、穂に鈴なりになるから、小枝ごと採取する。ワイルドベリーほどのジューシーさはないものの、甘くておいしい。ベリー類全般に含まれるアントシアニンも豊富だ。

野人農園にも植えようと思ったが、付近の山にいくらでもあるからやめた。しかも、誰も知らないから採らないので、悠々と独占採取出来る。

以前、奈良の大仏殿の横の方にある建物（名前は忘れたが）で、石段の途中に大粒のシャシャンボが鈴なりになって、目の前に垂れていた。

「あらラッキー！」と簡単にもいで食べていたら、後ろから来た人達が不思議そうにこちらを見ている。教えてやると我先にともぎ始め、やがて石段に十人以上が群がって食いだした。目の前に、野生のブルーベリーがぶらさがっていようとは誰も思わない。

そして、背の届く所のシャシャンボは丸裸に。教えたついでに、葉の見分け方や樹皮の特徴などの講義までやらされてしまった。

シャシャンボは隔年結果、つまり一年置きに実がなる傾向が強く、木によって大きさも味も違うから、大きくてジューシーな実が鈴なりになる木を選べばよい。

これだけ健康志向でワイルドベリーがもてはやされる時代だ。輸入などせずに、もっと国内資源を有効に使えば良いのに。栽培ではなく自生だから、生命力も抜群だ。

以前勤めていたヤマハのホテルで料理長に教えたら、彼はおばちゃんを数人連れて付近の山で十キロ近く採取してきた。かくてシャシャンボはシフォンケーキやフルーツソースとなり、数百人のクリスマスディナーショーのデザートに供された。

シャシャンボの在処を教えた野人は、試食第一号の栄誉に浴したが、それは見たこともない鮮やかな紫で、とてもうまかった。

野人はパンやお菓子は作れないので、生で食うしかない。酒もあまり飲まないので、ウォッカに浸けたら綺麗な紫色の酒になるのも知っているが、やらない。

誰か作って食わせてくれ！

シャシャンボの見分け方は木の実の中では難しい。知りたい人は伊勢まで講習に来るか、野人を呼び寄せてくれ。

国内にある食用木の実、山菜ならほとんどわかる。

ムラサキシキブだってタラの実だってムクの実だって食える。

食うことにかけては、知性や理性、人間性よりも勝っていると自負している。

秋の朝熊山は木の実の宝庫

伊勢の背後にそびえる朝熊山（あさまやま）は、自然が豊かで食べ物の宝庫だ。

標高五五五メートルの山頂からは、伊勢と鳥羽の街が一望できる。

山頂へ通じる伊勢志摩スカイラインと並行して、山麓には伊勢と鳥羽を結ぶ朝熊道が通っているが、こちらも同じように植物の種類が豊富だ。野人はどちらの道もよく走った。スカイラインは有料道路だが、一時は年間フリーパス券を買って何度も通った。といっても走るより、途中で車を止めた時間と回数のほうがはるかに多い。それほど食べられる植物や薬草が多いのだ。

もっともスカイライン沿線は植物保護のため、植物等の採取は禁じられているが、観察にはもってこいの場所で、路肩に車を止める場所も多く、平日は車の数も少ない。

熟して落ちる実をいただくくらいなら、まあ問題ないだろう。

秋の代表的な木の実は、九月にはシバグリ、九月後半から十月初旬はアケビ、初旬から中旬にかけてはサルナシにヤマボウシ、中旬から十一月にかけてはムベが至る所で見られる。ジネンジョも豊富で、掘ることは出来ないが、ムカゴならたくさん採れる。

晩春のキイチゴ類も豊富だが、食欲の秋は人間だけでなく、ご先祖のサルも活気づく季節。サルばかりでなくイノシシや野鳥も多忙になる。

食べ物の乏しい冬に備え、食い溜めをしなければならないからだ。

人間は少々遠慮しないと、木の実をアテにしている彼らが困ることになる。

彼らは縄張りを持ち、食べ物にありつける場所をしっかりと覚えている。だから先を越されることもあるが、それは仕方ない。

朝熊山の木の実の中で面白いものは「野生の柿」「野生のぶどう」「ヤマボウシ」だろう。柿と言っても普通の柿が野生化したものではなく、マメガキという種だ。活け花としても重宝されるそうだが、熟せばおいしく食べられる。大きさはウズラの卵の半分くらいで、熟してシワになる頃に甘くなる。味は柿によく似ているが、独特の濃厚さがある。

野生のぶどうではヤマブドウが有名だが、もっと寒冷地を好み、朝熊山には小粒なエビヅルとサンカクヅルが多く自生している。どちらも甘酸っぱくておいしく、秋になると野人は必ず道端で食べる。

ヤマボウシはハナミズキの仲間で、それと同じ独特のきれいな花が咲く。スカイラインの山頂付近に多く、秋には赤い実を落とす。拾って食べるとボソボソとしてはいるが、自然の甘さが口の中に広がる。

野生の食べ物ではアケビが有名で、ほかの木の実を食べたことのある人は少ないだろう。図鑑を手に、秋の里山散策に出かけてみると良い。

シイの実も拾って食べる秋の代表的な木の実だが、山中で拾うより、伊勢神宮の駐車場や神社で拾ったほうが手っ取り早い。

大勢の前で拾うのは恥ずかしいが、食べたいなら羞恥心なんか捨てるべし。

人は肉食から雑食になった

鹿の皮を剥ぎ、自家用車に積めるよう四肢を切り離して帰路に着いた。

鹿肉は、各部位をどのように使うかで、仕分けの方法が変って来る。

赤身の筋肉の塊が束になる四肢の腿肉は、刺身とハム用。胴のヒレと赤みの強いロースは刺身。バラ肉は骨付きのまま「香草焼き」用に。残りは焼き肉用だ。骨はすべてスープストックに使う。


骨の切り離しにもノコギリを使わず、すべて包丁一本でやったが、どの部分に刃先を入れるかで簡単に切り離せる。特に慣れているわけではないが、鹿も猪も熊もキジも、要領は似たようなものだ。


殺生や肉の解体処理は嫌でも、肉は大好きと言う人は多い。

スーパーで安く簡単に買えるからだが、それは世界人口の、ほんの一握りの常識だ。これだけ文明が進んでも、滅多に、しかも自ら処理しなければ肉を食べられない人の方が圧倒的に多い。

ほんの半世紀くらい前までは、日本でも鶏は毎朝食べる卵のために飼うのが常識で、卵を生まなくなれば絞めて処理するのはおばあちゃんの仕事だった。

野人も毎日エサの世話をして、卵をいただいた鶏を処理して食べた。

辛くてもそれが当たり前で、生きるためには仕方ないことだと教えられた。

肉を食べることは殺生であり、いくら言葉で飾ろうが、それが動物の食の本質だ。

人間の感性で本質が変わるものでもない。魚も野菜も同じ。命ある野菜を引っこ抜き、魚を解体するのが野人の仕事であり、肉もそれらと何ら変わらない命なのだ。

先進国の食用肉の飼料を育てるために、世界中でどれだけ表土が破壊され、地下水が低下、貧困国が食糧難と水不足に陥っているかを知る人は少ない。

スーパーの肉が売れれば売れるほど餓死者が増えると言うのも、あながち間違いではないだろう。先進国にとって当たり前のライフスタイルが変わらない限り、それは増幅されるばかりだ。

太古から続いた、人間を含む肉食動物すべての宿命でもある殺生と解体を「お金」で代行してもらっていることに変わりはない。出来る範囲でエコに貢献したい気持ちはあっても、間接的に破滅の方向を支援していると言えるだろう。

野人はそれを変えろと言っているのではなく、食肉の本質を知ることで、少しでも人と動物の関係が保たれる方向へ進めばよいと思っている。

そのために肉の本質を唱え、日本古来の猪肉や鹿肉を何とか普及させようとしている。養殖肉ではなく、完全なバランスの野生肉を食べる人が増えてくれれば良いのだ。

日本の山の大半を占有する不自然な植林をやめ、クラシックパーク、協生牧場にすれば、問題は少しでも解決の方向に向かうはず。自分達の国で賄えることはやるべきであり、山ならいくらでもあるではないか。

野人は評論家でも政治家でも運動家でもなく、ごく当たり前のことを空論ではなく実際にやろうとしている。それは自らの手を汚さずに出来ることではない。

完全自給とは言えないまでも、出来ることは出来るだけやるから…ね。

鹿を受け取りに行った場所は、ゆるやかな山に囲まれたのどかな集落で、自然林が多く、猪や鹿が繁殖するには適した場所だが、農業は壊滅状態だ。

周囲の大きな山の大半が植林ゆえに、猪や鹿はここに集中し、彼らの天国と化している。以前は植林山にも枝打ちなどの手入れが行き届き、今のような暗闇ではなかった。

夜になると、家の庭先まで猪や鹿が日常的に出没し、被害は深刻でどうにもならないようだ。鹿は野菜や果樹の新芽を食べて枯らし、猪は土を掘り起こし、果樹の枝を押し倒して折る。さらには、悪賢いサルどもが人のやる気を挫いてしまう。

サルからは多くを学んだが、人の顔色を読み、年寄りや子供に滅法強い「弱きをいじめ、強きを避ける」性格だけは気に入らない。この点では、猪や鹿の方がまだマシだ。

これでは人間の方が絶滅寸前。農業が出来なければ、通勤圏でもない限りますます過疎化が進む。伊勢近郊の田んぼが壊滅状態なのは、国道沿いで立地条件が良いにもかかわらず、獣害が原因でギブアップし、放棄されたのだ。

ワナのオリは仕掛けているのだが、猪の脳ミソが進化してなかなかかからない。ここも同じようなものだが、その数は半端ではない。役場ではそれらの駆除に税金を使っており、ワナの猟期も一カ月伸ばされたが、効果は上がらず、猪も鹿も増える一方だ。

バブルの頃は猪肉も高価で、猟期には活気づき、山にもエサがあり、人と動物のバランスがとれていた。当然のことだが、鹿肉や猪肉の需要が増えなければ数は減らない。

そうなれば、人は大地と共に暮らしたくても暮らしていけなくなる。

人は本来肉食であり、それだけでは生きていけないから雑食に進化した。

誕生して何百万年もの間、人類の食を支える植物は自然界に存在しなかったが、農業の発見とともに生まれた穀物が集落を可能にし、近代文明の基礎となった。農業なくして爆発的な人口増加はあり得なかった。

農漁業は人が生を育む基本的な産業であり、それを壊滅させるわけにはいかない。食糧が足りないからと人を減らせるはずもなく、これから食糧を増やすこともままならない。だったら、ままなる方法を考えれば良いのだが、常識も方法も変わるどころか、あくなき前向き思考と大地の破壊は止まらない。

心は前向きでも良いのだが、頭脳まで前向きではどうにもならない。

三、畑の食卓

自然循環による野菜づくり

近頃どうも野菜がおいしくない。というより味がしない。

そもそもスーパーで売られている標準的な野菜のサイズは誰が決めたのだろう。身なりばかり立派で、どれも水っぽい。子供の頃はボウル一杯の刻みキャベツやレタスを食べていたが、もっと味があっておいしかった。トマトもキュウリも味気ないので、自分でつくることにした。

「超」が付くほどの不精人間としては、出来るだけ無駄なことはしたくない。かといって草ボーボーの庭に適当に種を蒔き、後は自然任せという放任栽培も、人としてあまりに芸がない。

自然の理に適った野菜づくりとは、どのようなものか。魚を釣るのと考え方は同じだ。

魚の場合、魚とは何か、その生態からアプローチすることが大切だ。海を知らなければ、魚の本質を掴むことは出来ない。

では野菜とは何か？　植物には違いない。植物の本質を知るには自然界の循環まで知る必要がある。そこは仕事柄、熟知している。だから答えは簡単に出た。

さっそく庭で実験したら、その通りになった。三平米の菜園で十一月から四月までの間、毎日欠かさず多彩な野菜を食べることが出来たのだ。混生させ、次から次へと間引き、半年間土が見えることもなく、特に肥料も与えず、苗と種をのぞけば経費ゼロだった。

野菜が植物であることに変わりはない。野山の植物は点在することなく、根は芝生のように密生し、季節になるとそれぞれが成長を繰り返す。養分を奪い合うことなんてない。

植物は土中の微量元素で育ち、後は二酸化炭素と水から有機物を生み出して、それをまた土に戻す。そうやって土を肥やしていくから、新しい土壌も数年放置すると、あらゆる植物が密生するようになるのだ。虫や鳥に食料と住処を与えると、彼らによって有機物が繁殖。虫や鳥の糞や死骸、それらを分解する微生物によって、貴重なリンを始めとする養分を得ている。

それが自然の循環だ。

土を耕すことが健全な土壌をつくることなのだろうか。せっかく自然界がつくり上げたものなのに、もったいない。野菜は丹精込められてつくられることなど望んでいない。自らの力で、環境や土壌にあった大きさ、形に育つ。すべての生き物の命を支える有機物を、いとも簡単につくってしまう。その点、人類よりはるかにシステムは優れている。

微生物、虫、鳥、どれが欠けても自然循環は成り立たない。

人が成すべきことは、その循環の中でいかに都合よく食べたい植物を育てるか、ではないだろうか。それこそが人の知恵であり、理に適った野菜づくりだ。

野菜の品種改良は進歩し、人は立派な野菜を生み出して飽食の時代を築いた。しかし、原点は野の菜、つまり山菜だ。山菜は若葉を食べるのが最もおいしい。

実野菜は完熟がおいしいように植物が仕上げる。葉野菜は、ホウレンソウでもレタスでも若葉がうまい。大根も人参も若いほうがうまく、葉も柔らかく食べられる。

密生の中から抜き出した間引き野菜で十分。そのほうが栽培面積が小さくて済む。

日本全体が、無理のない農業へと進んでもらいたいものだ。

鳥や昆虫がスタッフ

数年前にスタートした自然循環農園は、いまや野人の食卓に欠かせないばかりか、人間を含む生き物たちの宝庫になってしまった。

一反しかないのに、毎年キジやヒバリやウグイスが勝手気ままに巣をつくり、卵を抱いている。無数の蝶が舞い、昆虫採集だけでなく、バードウォッチングもできるほどだ。モグラは地下に大帝国を築き、イタチも住み着き、夕方にはフクロウまでやって来る。

そうなることを願って設計施工したのだが、まさにその通りになってしまった。困ることは何もなく、むしろ彼らには感謝している。食べようと思えばキジの卵も簡単にいただけるのだが、彼らは全員農園のスタッフなのだ。すべて自給させ、特に給料は払っていないが、彼らのおかげでこの畑は成り立っている。

虫害も病気もないから農薬などはまったく必要なく、連作が基本だ。耕さない土壌は周年柔らかく、石灰も堆肥も肥料も必要なく、野人がやることといえば、種蒔きと収穫以外は夏草の散髪だけ。散髪というのは、基本的に一年草は抜かず、最も大切にしているからだ。畑の必需品クワに至っては、施工時以来使ったことがない。

今では三六五日、毎日のように四十種以上の産物が収穫でき、しかもすべて生食できる。アスパラやニラやナスは生で甘く、チンゲンサイや野沢菜も生食。キャベツ、白菜、ブロッコリーの蕾から花までサラダで美味しく食べられる。キャベツは青虫を一匹も殺すことなく、すべて収穫できる。

循環はすべて表土で行われ、土中には何もないから、この雑味のない澄んだ味になる。

その驚異的な味とパワーに、全国から「人間」も大勢集まって来るようになった。

個人、団体、バスまでが畑の横に乗り付け、農学者、農家、野菜・ハーブに精通した人たちもやって来て、「目からウロコ、考えたこともなかった」と口を揃えて言う。

仙台から沖縄の離島まで、農法講習と収穫体験ランチに、これまで多くの人が農園を訪れた。

野菜を分けてほしいという宅配希望者も、北海道から沖縄まで全国規模になり、おかげで野人の仕事の半分は「海」から、最もやりたくなかった「畑」になってしまった。

草と虫と鳥は、世界中で農業の天敵のように思われ、それが常識になっているが、そうではない。生命力のある野菜は完全なる土壌から生まれ、それは彼らがつくるものであり、人間ではない。農業の常識とはまったく正反対の農法だが、生産高は近代農法の十倍以上あるのだ。

近代農法、有機農法、自然農法に次ぐ、この世界第四の農法の科学的証明と世界波及のために、東大農学部博士号を持つ男を中心に多くの人が動き始め、実験農園は国内だけでなく、今や海外にまで広がりつつある。

手間も経費もかからず、それだけの収益が見込めるなら、農業の衰退、食料自給率の低下だけでなく、過疎化や失業の問題まで一気に解決しよう。

「協生農法」は表土がすべて浄化槽となり、川や海をきれいにして、荒廃した大地を復元するだけでなく、飢えに苦しむ多くの子供たちを救い、世界的な健康問題を解消すると信じている。

豆科植物で草マルチ

カラスノエンドウは何処ででも見られる野草だ。

野草と言うより、むしろ雑草の分野に入れられている。

子供の頃、カラスノエンドウの小さな豆を出し、殻だけにして「草笛」を作って遊んだ。

口に含んで吹くと「ピー」と音がするのでピーピー豆とも呼んでいた。吹き方や強さによって、曲だって吹けるのだ。

このカラスノエンドウは、山菜としてクセもなくおいしい。

天ぷらも良いが、やや個性に欠ける。おひたしでよく食べていた。下の硬い茎の部分をちぎり、先の柔らかい部分だけを三十秒くらい塩茹ですれば出来上がり。

おすすめはゴマ和えだ。若いサヤ豆も、野生のキヌサヤだと思えば良い。

豆科の植物は全て食べられ、コクがあってうまいものが多い。

何処にでも生い茂るクズの若葉も食べられるが、ツルの天ぷらの旨さはタラに匹敵する。教えた人はほとんど病み付きになった。おひたしではカラスノエンドウとレンゲだろう。

レンゲは自生というより、田んぼを肥やすために種を撒くことが多い。レンゲを見かけたら、摘んで食べてみると良い。日当りの良いところよりも、半日陰の水路脇などに生えた、太くて大きなものほど柔らかくておいしいはずだ。

レンゲのおいしさは、シャリシャリした独特の歯ざわりにもある。大きなレンゲの茎は箸ほどの太さで、高さは五十センチくらいあって枝が広がっているから、二株もあれば十分だ。カラスノエンドウもレンゲも花ごと食べられる。

クズの大きな花も、天ぷらや花酒に出来る。夏に咲く花はジャスミンに似た香りがして、野人は車中で香りを楽しみ、お茶にもした。

よほど邪魔にならない限り、農園のカラスノエンドウや小さいスズメノエンドウは抜かない。土中に窒素を蓄え、背丈もそれほど伸びず、五月までには枯れてそのままマルチになるからだ。青いうちでも、邪魔なら抜かずに踏んづけたりして押し付けておくと、立派な「青草マルチ」だ。

豆科の植物は、土壌に穴を開けて根も枯れるから、農地を耕すことに貢献してくれる。野人は豆科を増やすために、実験農園全域にレンゲの種を撒いているくらいだ。レンゲはまったく邪魔にならないが、畑にレンゲを撒く人はあまりいないだろう。必ず草は生えてくるから、同じ生やすならレンゲやスズメノエンドウにしたほうが理想的だ。同じく食べられる豆科でも、クローバーは排除している。多年草で根を張り続け、土壌を硬く締めるからだ。

これも果樹園などの雑草抑えには向いているだろう。

生命力トマト

冷奴の薬味に青シソを摘もうと庭に出た。

家の前の一×五メートルのうねには完全なるブッシュが出来上がっている。

二年前に大きなうねを作ったが、土には石灰も肥料も入れていない。食べきれない野菜や草を刈って、そのまま放置しただけだ。

昨年はトマトを棚仕立てにし、下にいろんな野菜を混生させていたが、今年は面倒で何もしなかった。そんなわけでアスパラとトマトのブッシュに、シソやネギやニラが埋もれている。

青シソを摘んでいたら、赤いものがチラホラ。ついでにトマトも、とブッシュを掻き分けて採り始めたら、外からは見えなかったが出るわ出るわ、地面すれすれに鈴なりになっていた。約十分間の成果は二百個以上で、量ると二キロ以上あった。

あまりにも出来過ぎで驚いた。昨年の棚仕立てより、はるかに多産ではないか。収穫はやや面倒だが、初期からの管理の必要がなく、仕事量はこちらのほうがはるかに楽だ。

トマトは地上六十センチくらいの高さで繁みをつくり、他の草を抑えている。

果実は、地上三十センチ以下に垂れ下がっているものの傷ひとつなく、完熟しているのに、まったく虫にやられていない。これでは葉が枯れるまで、鳥も食べに入れないだろう。高い棚に結んで枝を広げた昨年は、ちょっと目を離すと身割れしていた。

果皮に直接太陽光がガンガン当たったり、雨の度に身割れするからハウス栽培へ移行したのだろうが、こうすれば実割れは断然少ない。

雨が悪いのではなく、雨と直射日光の組み合わせが良くないようだ。焼けた石に水をかけると、割れるのと同じだ。トマトの大きな葉は、果実を包み隠して強い日差しや雨から守っているのだ。自分で環境を整え、理に適った実の付け方をしているのだろう。トマトはツルで這い上がる植物ではないから、これが本来のライフスタイルなのだ。

猛暑で日照りが続いても、葉が陽光を遮っているから土は乾燥しない。下草が土壌の保水力を維持してくれるから、トマトはまったく迷惑していない。

これからは仕立ても芽かきもせず、トマトブッシュ方式で行くことにしよう。当然、耕しもしないし肥料もやらない。これ以上倒れようがないから、強風にもやられない。収穫が終わったらブッシュを押さえつけ、そのまま草抑制のマルチにする。こんなに楽な農法はない。

ほったらかしにして秋にほかの野菜が繁っても、一向に気にしない。季節の野菜に場所を譲るのが植物のマナー。来年のトマトには、自身の枝葉の肥料だけで十分なのだ。

「野菜は、その土壌を破壊しない限り自分の環境を作り続ける」という野人理論は間違っていなかった。トマトは本来、地表すれすれに実をつけるもので、何故そうするのかも良く理解出来た。人間よりもトマトは賢い。

収穫したトマトを囓ってみると、濃厚で甘くて本当にうまい。スーパーで売ってるヤツなどまったく問題にならない。皮は硬めだが、食べると生き返るような「生命力トマト」だ。

無病長寿の霊果ムベ

野人農園のムベ一族が快進撃を見せている。

ムベはアケビ、ミツバアケビと同じ仲間だが、別名をトキハアケビとも言い、常緑つる性の珍果だ。

熟せば割れて鳥を誘うアケビに対して、実は割れず、鳥は皮を破って甘い果肉を食べる。

その果肉は、鳥や動物を誘うために植物が作った糖分の傑作で、鳥に種を運ばせる知恵の結晶ともいえる。最小限のエネルギーで、最大限の効果を引き出すのが果肉の役割だ。

アケビの仲間は種だらけで、食べると言うよりタネの周囲を「舐めて」種を吐き出す。実の大半は種で、果肉は白く甘い綿のように種をコーティングしている。目的からすれば、実に理想的な果実だ。木の実は果肉をつけるのが目的ではなく、それは種の周囲をおいしく味付ける「手段」に過ぎない。それが植物の本質であり、自然界に例外はない。

植物の一年最大の目的である生命の結晶「タネ」を排除し、果肉だけを立派に肥大させてさらに甘く味付けるのは人間しかいない。甘いモモやスイカ、サクランボ…野人はよく食べるが、自然の産物ではなく、美味しい加工食品として喜んでいただいている。

まったくとは言わないが、健康目的とは分けて考えた方がいいだろう。

わが農園のムベに注目したのは、葉が少ないのに大きな実をたくさん付けている異様な光景だ。長年アケビやムベを山で食べて来たが、巨大なムベの株でもこれほど鈴なりにはならない。

たぶんムベは実の数を間違えたのだ。花の咲く時期を間違える植物もあるように、植物にも「ついうっかり」はあるはず。ムベの食べ頃は十一月だが、いまだワインカラーにならず、柔らかくもならない。その味は甘いどころか、ほとんど味がない。葉がないのだから、糖分が満足に作れないのだろう。当然鳥も食べず、年の瀬になっても寒風に身を晒している。

海岸寄りの山道を走るとムベが多い。

シバグリやサルナシやクワもそうだが、道路によって日当りが良くなり、ブッシュの中よりもかえって実がつきやすいのだ。また林の中の木は、生存競争に勝つべく、太陽を求めて上へ上へと伸びてゆくため、ツルを伸ばしたアケビやムベは地上からでは見つけにくい。

ムベの味はアケビに似て甘いが、もっと自然な甘さだ。

アケビは自然に実が割れることから「開け実」がアケビになった。ムベは開かずにいつまでもそのままで鳥が皮をつついて中の実を食べる。落葉するアケビに対してムベは常緑で、ベンジャミンに似た葉が好まれることから、生垣などにも使われている。

ムベの語源は天智天皇のひと言だったようだ。琵琶湖のほとりへ狩りに出かけた時、八人の男子を持つ健康な老夫婦に絶倫の秘訣を聞いたら、無病長寿の霊果があり、毎年秋には食べていると答えた。それを食した天皇は「むべなるかな」と得心したという。まさしくその通りと言う意味だ。そして「この霊果を例年献上せよ」と命じられた。

諸国からのお供え物を紹介した十世紀の書物には、近江の国からムベが、フナやマスなどの魚と一緒に、朝廷へ献上されていたという記録が残っている。

ウグイスが神楽を？

ハスカップは北海道が主産地の木の実で、アイヌ語だ。学名は「クロミノウグイスカグラ」。黒い実のウグイスカグラという意味だ。九州から北海道の南に至るまで自生しており、東京近郊の山にも多く見られるが、気づかないだけだ。

「赤いハスカップ」ウグイスカグラは、全国の野山に自生するタダで食えるフルーツ。酸味が強く、加工食品に使われるハスカップと違って甘い。野人は毎年山で食べていたが、今では農園にも何本か植えている。

赤いハスカップ八本、赤いユスラウメと赤いサクランボ各十五、赤いヤマモモ四本…赤い実が乱舞している。ハスカップも三本あるが、やはり同じ仲間のウグイスカグラとは良く似ている。

ウグイスカグラはスイカズラ科の落葉低木で、ウツギと同じように根元から細い幹が乱立して三メートルくらいにしか大きくならない。「カズラ」とはつる性樹木のことだが「カグラ」はつる性ではない。

ウグイスカグラの実は、クコと同じくらいの大きさで、ウグイスがこの実を好み、鳴き始める時季に花を咲かせることから、この名が付いたという。あるいは、ウグイスがこの実を食べる姿

が「神楽」を舞っているように見えることから、付けられたとも。

野人が観察した限りでは、彼らが神楽を舞っているようには見えなかった。「法~法華経」と何度も鳴いていたから、ありゃ仏教だ。だから神楽を舞うはずがない。

しかしウグイスの大好物であることは確かで、昨年は数個の巣を奴らがウグイスカグラの枝に設営した。なにも通路の傍の、ヘソの高さに作らなくても良いと思うのだが…邪魔になるし、覗けば中が丸見えだ。真円形の巣の中には、焼き鳥みたいな毛のないヒナがいる。

「大きくなったら食うんだろう」と思っている読者もいるだろうが、野人はそれほど無慈悲ではないし、飢えてもいない。

ヒバリの奴も、ところかまわずうねの上にバカスカ巣を作り、孵化の間は収穫出来ず迷惑だが、見逃してやっている。キジの乱行も、モグラの穴あけも、野ネズミの窃盗も見逃してやっている。心がおおらかでなければ、完全なる自然循環農園はやれないのだ。

野人はキャベツの青虫どころか、ほかの虫も殺したりしない。

虫や鳥は野人の思い通りに働きはしても、野菜に害を及ぼすことはあまりないからだ。

ただ、アゲハの幼虫が柑橘類の幼木の数少ない葉を食うので、丸裸にされてなかなか大きくなれないのは困りもの。今年はとことん言って聞かせるつもりだ。

食生活を変えて「雑草」を食うようにと。

主役になれるパセリ

いろんな料理の添え物として使われるパセリ。

クレソンやほかの薬味と並び、常に脇役のように扱われているが、野人はそうは思っていない。バリバリ野菜を食べるほうではないが、わが農園のパセリは、時々ちぎってはむしゃむしゃ食べている。何もつけなくても食べられるのだ。

市販のものはそうはいかない。エグくて吐き出してしまう。これでは飾り物にされても仕方ない。こってりドレッシングかソースをかけなければ、とても飲み込めない。

セリやウドの仲間はどれも、採って一日もすればアクが強くなる。ヤマウドは、切りたてはびっくりするほど甘くておいしいが、せいぜい一時間までだ。

パセリは虫に食われやすく、農薬が必需品だが、肥料を与えなければたいして食われない。ゴボウのような根を張り、摘んでも摘んでも次々に芽を出す。そのようにして出来たパセリを、収穫した日のうちにその地域で消費する「地産地消」向きの野菜なのだ。

野人が運営する会社の顧問だった高齢の東大工学博士は、庭のパセリをボウル一杯、何もつけずにムシャムシャ食って、恍惚の表情を浮かべていた。

ディナーに招待され、同じものを勧められる客はたまったものではない。

イタリアンパセリのほうが食べやすいが、うまいパセリの魔力は相当なもので、いつまでも添え物にしておくのは惜しい。

パセリは地中海が原産。世界中で最も使われるハーブで、古代ローマ時代から料理に用いられている。栄養価が高く、ビタミン類はほとんど含み、その含有量は野菜の中ではトップクラス。だからこそ古代より重宝されてきたのだろう。

ハーブであるパセリを人工的に育てず、食べる時期を考慮すれば、人にとって最も健康的な野菜の主役にもなり得る。

スーパーで売られている綺麗なシソ、パセリ、セロリは残留農薬の王様だ。消費者が綺麗な野菜を求めるから仕方がない。見掛けの美しさよりも、野菜の本質を見抜く目を磨いたほうが良いのではないだろうか。自身の美容と健康のためにも。

人間も同じで、綺麗な花には隠されたトゲがあり、甘い言葉の裏には毒がある。酷い目にあって、はじめてそれがわかるものだ。

日本で長い期間脇役に甘んじてきたパセリには、これから先も陽が当たらないかも知れない。人の思い込みはそう容易くは変わらないから。

せめて野人だけでも、と農園に行くたびパセリに声をかけてきた。

「あんたが主役！」気合を入れてやると、心なしかそのパセリは、ほかの野菜より成長が早い気がした。

オランダキジカクシ

最近、わが事務所前のアスパラを折っては、生でかじることにハマっている。甘くて濃厚で、たまらなくうまいのだ。ここには大型の株が七つくらいある。

そもそも野菜が好きではない野人は、それまでアスパラを生で食おうなどと思ったことはなかった。しっかりと茹で、マヨネーズをたっぷり付けて。生食用のレタスやパセリも、そうしないと食えなかった。山羊じゃあるまいし…。

時節を得たアスパラは、これでもかと次々に伸びてきたので、「ブロッコリーの茎も生で甘かったから、似たようなもんだろ」と折って、ついそのままかじってしまったのだ。

そしたらこれがアクもなく、甘くて、これまでに食べたことないくらい美味。ヤマウドの掘りたても甘くてうまいが、こちらも負けていない。

ほんの味見のつもりが、二本まるごと食べてしまった。

糖度計で計ってみると「六度強」。大玉トマトが四〜六度だから、トマトよりも甘いことになる。市販の、同じような太さのみずみずしいアスパラを買ってきて計ると四度だった。

両者の決定的な違いは、糖度よりも味の濃さ。うちのは、市販のものとは比較にならないくらい濃厚なのだ。以来アスパラを生食している。もちろんマヨネーズなんて要らない。

肥料も水も、一度もやっていないが、たいしたものだ。

三本もかじればアスパラギン酸が蒸気になって、鼻の穴からギンギラギンに噴出して来よう。

アスパラにはビタミン類が多く含まれており、アスパラギン酸はこいつから発見された。ジュースにして、活きのいいアスパラギン酸でも飲むかな…。

アスパラガスは地中海の原産で、オランダから日本にもたらされた。ホワイトアスパラとして大正時代から栽培が始まり、それは輸出用の缶詰にされたから、子供の頃の白いアスパラはご馳走だった。グリーンアスパラが出回り始めたのは昭和四十年以降だ。

アスパラの寿命は十五年くらいで、大株になり毎年勝手に生えてくるから重宝する。

和名は「オランダキジカクシ」。オランダ付があるということは、当然日本キジカクシもある。クレソンの、オランダミズガラシみたいに。

キジカクシとは野山に生える多年草で、アスパラガスと同じ仲間だ。細い茎が生い茂ると、キジが隠れるようになることからこの名が付いた。二種類あり、実が熟すと赤くなるキジカクシは日本海側に多い。実が黄白色になるクサスギカズラは、太平洋側に多く見られる。

野人の実験農園にはアスパラの中株が五十、子株が百くらいあるが、まだキジが隠れるほどには大きくない。すぐ隣の荒地はセイタカアワダチソウのジャングルで、そこにキジは住み着いている。昨年も子連れのキジが農園を縄張りにし、我が物顔で歩き回っていた。施肥（糞）をして農園の環境保全に協力してくれているが、あまり増えすぎるようなら捕まえて食ってやろう。

そのうちアスパラの林が「キジハウス」になるかも知れない。

「頭隠して尻隠さず」はキジのドン臭い隠れ方から出た格言で、その気になれば簡単に捕まえられる。野人は小学校の頃から、山でキジを捕まえて食っていたのだ。

花も実もおいしいフェイジョア

野人の好物であるフェイジョアの実が熟して落ち始めた。

フェイジョアはフトモモ科の熱帯果樹だが、耐寒性があり東京近郊までくらいは育つ。ただ、自家不和合性のためそれほど普及していない。異なる品種間で受粉しないと結実しないものが多いのだ。

原産地は南米で、この仲間には屋久島にも多く自生するフトモモ、熱帯果樹のグアバ、レンブ、香辛料ではクローブ、オールスパイス、観賞用で実も食べられるミルタスなどがある。

以前勤めていた会社でも、独断と偏見で大量に植えていたが、自分の会社を作ってからも、本社の海の拠点に植え、野人の農園にはフェイジョアの幼木を十五本、グアバを三本、ミルタスを二本植えている。

一般的な果樹全種のほかに、ポポー三本、ウグイスカグラ五本、ザクロ三本、中国ナツメ二本、ヤマブドウ六本、ヤマモモ二本、ジューンベリー三本、サクランボ多品種十本、ユスラウメ十本、ワイルドベリー五本、ブルーベリー五十本、ブラックベリー二十本、イエローベリー五本、レッドベリー三本、アンズ、アーモンド、ライム、コミカン、シーカーサー、アケビ、ムベ、サルナシ、マタタビなどがある。

しかし果樹園ではなく、あくまで「畑」なのだ。

木は木陰作りと、鳥や虫を集めるためのもの。そいつらが畑に肥料を供給し、青虫の駆除、一種の虫の異常繁殖を防いでくれている。

落葉すれば腐葉土になってバランスを保つ。剪定は木陰のバランス優先で、実をならせるための剪定はしない。実がなれば食う。

フェイジョアの実は緑色の卵大で、木では熟さない。落ちて柔らかくなった頃が食べ頃だ。二つに切ってスプーンで食べるのだが、その味はバナナとパイナップルを足したようで、別名「パイナップルグアバ」とも呼ばれる。マンゴスチン、チェリモヤと並んで、野人が好きなトロピカルフルーツの一つだ。

花は、食用花の中ではずば抜けて甘い。食用としてサラダにする花は多いが、甘くて美味しい花は珍しく、これ一つしか知らない。

直径五センチほどの肉厚の白い花びらで、中心が赤く綺麗だ。この肉厚の白い花びらがたまらなく甘くてジューシーで、サラダというよりそのままデザートになる。

フェイジョアは花を楽しみ、花を食べて、果実がさらに美味しいという楽しい果樹だ。常緑の風情のある木で、庭木として植えても十分サマになり、西日本の暖かい平地なら結実する。機会があれば、ぜひ花も実も食べてもらいたい。

花は六月で果実は十一月だ。

レタスを循環させる

ドッジボールと同じくらい巨大なサニーレタスに、サンチュに、ちりめんチシャに、レタス、サラダ菜、リーフレタス…。農園の至る所でレタス類が真っ盛りだ。

ジャガイモの中、ナスの下、イチゴの中、どのうねにも通路にも生えている。

「花咲かじじい」みたいに節操もなく種を撒き散らした結果だ。

どうせ草が生えるなら、レタスを下草代わりに生やしたほうが…という発想だ。だから毎年、草と同じように刈られて土に戻る運命にある。

花も咲かせるから種も飛ぶ。そうしてレタスは毎年農園を循環するのだ。

レタスに肥料はまったくいらない。キク科だからヨモギと同じで、どんな土でも逞しく繁殖する。虫がヨモギを食わないように、穴一つ空いていない。

種を密集させて「レタスマルチ」した場所は、いまだに草刈りの必要がない。春から生えたサンチュが密生して光を通さず、他の草が生えて来ないのだ。使わないレタスは夏に刈ってそのまま土に戻せば土も肥える。レタスを循環肥料としても使っているのだ。

レタス類は刈っても根を残せば、またいくらでも生えてくる。根が太くなり何本か枝分かれして巨大になる。刈ったり折ったりすると、葉と根のバランスが崩れ、再生するには一本の葉では間に合わず、一気にたくさんの芽を出すのだ。

中には一個でバケツを占領する巨大なものもある。つまり、ヨモギや他の草を生やすならレタスを生やしたほうが良いのだ。

基本的に「葉野菜は小さいほうが旨い」。立派な野菜がおいしいはずもない。野菜の本質は「山菜」だ。猿も鹿も新芽しか食べない。つまり、密生して間引きするようなレタスが一番おいしいのは、当たり前のことなのだ。

大きくなり、硬さや苦味が出てきたものはジュースが一番。トウが立ったレタスも、ジュースにすると苦味が消えてしまうから面白い。最高のスタミナ便通ドリンクになる。

スーパーで売られているレタス類は、野人に言わせるなら全てジュースサイズだが、肥料や水耕栽培などで柔らかく膨らんでいるから、硬さも苦味もなく、生食が出来るだけのことだ。

レタスには食傷気味だが、地力だけで育った本来のレタスは優れものの健康食品と言える。

品種改良された白アケビ

十月末、マリンビレッジのレストガーデンのアケビに、たくさんの大きな実がついた。

アケビは雌雄同株で雄花と雌花を有し、自家受粉するのだが、花期が微妙にずれるので、実のつき方には個体差がある。

同様にほかの果樹の場合も、何本か植えたほうが実付きが良くなるのは、それが理由だ。

数年前から一本が屋根まで繁っていたのだが、実は一～二個しかつかなかった。今春、原人と庭人が山から持ち帰ったアケビで受粉させたので、今年は実つきが良い。

子供の頃から今日まで、毎年のように山でアケビを採って食べているが、このアケビは見たことがない黄色がかった白だ。普通のアケビの皮の色は薄い紫だが、大半は虫のせいで茶色っぽくなる。

「大実白実?アケビ」として市販されていたものだが、野山には存在しない品種改良されたものだ。何とも異様な感じだが、葉も実の形もアケビには変わりない。

お客様に食べさせたのだが、反応はいまひとつでおいしそうな顔をしない。開きかけた一番食べ頃の実を食べてみると…な、なんじゃこりゃ?

アケビ独特の甘さはもとより、とにかく味がないのだ。何だか異様なものを食べた気分。こんなアケビは、生まれてこの方食ったことがない。

野生の鹿や猪、天然のマダイやウナギ、山の木の実、放置した果樹など食い尽してきたから、今の食品に違和感がある。

流通食材が当たり前と思えば、そんな違和感を感じないだろう。

野人がスーパーの果物を好まない理由はそこにある。

数年前にスーパーで売られていた紫色鮮やかなアケビは、甘さと味が薄く違和感があった。

人は農薬の害にしか目を向けないが、肥料は食用としての植物の本質を大きく変えてしまう。

このアケビ同様に、人が食べやすく立派に改良して本来の味を失った野菜や果物は多い。

実を大きくするだけでなく、酸味を抜き糖度を上げ、はてはタネのない果実まで生み出した。

いくら甘く食べやすくても、それらに生命力は感じられない。

果実にタネがあるのは当たり前で、タネがあるからこそ果実ではないか。知恵と努力の食文化とは言え、去勢された食べ物では何とも味気ない。甘くて立派で便利な果物を作り出そうとする思考は、今の機械文明と変わりない。

原始の世界に戻れとは言わないが、思考ベクトルを逆に向けて、本質を失わずに健康的な果実を量産する方向になぜ向かわないのか。

生命に家電と同様の「便利さ」を持ち込めば、どうなるか考えたほうがいい。

食べ物がバランスを失うほど、それを食べた動物がバランスを失っていくのは道理だ。

ナンテンハギは茹で小豆の香り

アズキナという山菜は本当においしい。

学名「ナンテンハギ」。漢字では「南天萩」と書く。

マメ科の多年草で、葉の形がナンテンに、花の形が萩に似ていることからこの名が付いた。

アズキナと言う別名は、茹でると小豆を煮た香りに似ていることから。

同じアズキナと呼ばれるおいしい山菜に「ユキザサ」がある。北海道、東北地方に多いが、これは葉が笹に似たユリ科の多年草。やはり煮た小豆の香りがすることから、同じようにアズキナと呼ばれている。どちらにせよアズキナはうまいということだ。

ナンテンハギは春から初夏にかけて、山や川原の土手など至るところで見られるが、地味な形ゆえ案外気付かない。

花は夏から秋にかけてだが、葉茎と同じように天ぷらやおひたしで食べられる。

豆科の山菜はほかに葛、カラスノエンドウ、クローバー、レンゲなどがあるが、どれもアクがなく、コクがあってうまい。

土手で掘ったナンテンハギの小さな株を、野人の山菜園に植えておいたら、あっという間に直径八十センチの大株になった。まるでクローバーの大株のようだ。

食べ頃に気付いて採ろうとしたら、柔らかい先の穂が摘まれている。

うちの女子社員と、当社の株主である植物の先生が、二人で昨日摘んで食ってしまったのだ。

女子社員は先生に勧められて、初めて食べたようだが、朝から「おいしかった！」を連発。この日も山羊じゃあるまいし、生でムシャムシャかじっていた。

野人の食べる分はほとんど残されておらず、ウーム残念とナンテンハギを見つめていたら「すぐにまた生えてきますから」と彼女に慰められた。

株が大きいから、採っても次々に生えてくる便利な山菜なのだ。

お寺の精進料理などにも使われるが、おひたしが一番味があり、生のまま汁の実、天ぷらにしてもいける。菜飯にしてもうまい。野人おすすめの山菜だ。これから川の土手で「目をアズキにして」探して見ると良い。

アズキナは飛騨地方では重宝されているようだが、何故もっと野菜として出回らないのだろうか。放っておいたら株が勝手に大きくなるのに…。

クローバーと同じで、アズキナの株はほかの草の進出を許さない。豆科の植物は、根粒菌が根に窒素を固定するから肥料がいらない。田んぼにレンゲの種を撒くのは窒素肥料が目的だ。

無農薬無肥料で、こんなに健康的でおいしくて、栽培の楽な山菜野菜はないのだ。

茶本来の味を

子供の頃から茶を飲む習慣がなく、牛乳ばかり飲んで育った。飲食店でも茶や水はほとんど飲まず、飲むのは井戸水か山水くらい。家に急須もない野人が、なぜか茶園の改造運営からお茶屋さんまでやることになった。野菜屋さんにつづき、石垣島のサトウキビ園の再構築と砂糖屋さん、完全な海水バランスの塩屋さん、漬物屋さんとともに、同時スタートさせたのだ。

茶畑は昔に比べて随分様変わりした。「夏も近づく八十八夜」の歌が出来た頃は手で摘んでいたが、機械化が進み、すっかり風情がなくなった。通路は、やっと人が通れるくらいの幅だったのが、今は自走式茶摘み機の足が入る程度にまで狭まり、歩くのも困難だ。遠目には芝生のようで、近づくと工場のようにも見える。

そこに健全な生態系の循環は見られず、虫の猛攻や病気になるのは当然と言えば当然。農薬は必需品になってしまった。肥料を与えれば栄養効率は良いが、その大半は茶が吸い上げることになり、当然味にも反映される。つまり茶本来の味が出せず、肥料や栽培法によって味が左右されてしまうのだ。こうなったのはむろん茶のせいではなく、人様の効率のためである。

原始的な野人は、今や文化的な茶人を目指して毎日のように紅茶や茶を召し上がっている。暮らしに茶が欠かせないのは日本人だけでなく、アジアから世界中に及ぶ。茶の魅力は、味と香りに加えて、薬効にあると言えるだろう。

人は茶葉の加工から焙煎の仕方、調合と工夫を繰り返して茶文化を築いてきた。しかし野人は、植物は人間が作り育てるものではないという道理と信念を持っている。だから「美味しいお茶を作る」などという考えはまったくない。味は茶自身が考えて生み出すもの。地域、土壌、土質、気候などで、微妙に変わってくる。人はそれをそのままいただくだけのこと。

自然の味に文句を付けて講釈をたれるのは、何ともおこがましい。ワインもお茶も同じ生き物。前年と味が違ってもそれなりに味わい深く、体が求めればそれで良いではないか。

茶畑を工場にしてしまったから肥料と農薬は欠かせず、深刻な地下水、環境汚染を招いている。人がその環境を整えてやれば、茶はのびのびと育ち、自らの持ち味を出すはずだ。

野人は、茶の木を半分以下にし、野菜や果樹を協生させ、それらも産物とする。茶も野菜も、自然界に近いバランスで育てる。花が咲き乱れ、虫や鳥も集まるような、生命力あふれる茶園にするつもりだ。

肥料も農薬も使わず、完全な土壌が出来上がれば、水もそれほど必要としない。

そこから生まれる茶も野菜も、本来の旨味と甘味を持つと確信している。それが、これまで実践してきた協生農法から出た答えなのだ。

無理を重ねて不完全な植物を量産するのではない、大地との理想的な付き合い方だろう。

澄んだ味で、自然に何杯でも飲みたくなるお茶を提供したい。

この茶を普及させることで、全国の茶畑を正常に戻せたらいいいと思っている。

生命のバランス糖

数年前のこと、一週間ほど石垣島へ行って来た。

友人の依頼で、野菜、果物、サトウキビなど、亜熱帯での協生農法を確立するためだ。サトウキビ畑から流れる赤土で、珊瑚礁が危機に陥り、白い砂浜は茶色く染まりつつあるという。石垣島には野菜畑が少ない。強烈な紫外線により、草の勢いが強く、どうしても野菜が負けてしまうからだ。

三十数年前、石垣島の目の前にある小浜島に半年近く住んでいたことがある。すぐそこで発生するほど、島は台風の通り道に当たっており、暴風で果樹がなぎ倒され、栽培環境は良くない。

珊瑚礁を汚染する赤土は、その大半が耕したばかりのサトウキビ畑から流れ出るものだが、補助なしではやれないから、栽培を推奨した国が海を汚染させているとも言える。

しかし、補助をやめればサトウキビ畑はなくなり、珊瑚は助かるが農業は衰退する。人が住めなくなることもたしかだ。珊瑚の海に熱帯魚の種類は多いが、漁業としては成り立たず、既に消滅寸前だ。野人は野菜畑、茶畑だけでなく、台風と紫外線の猛攻を受ける沖縄奄美の、農業と漁業の復興を目指している。

まず農業は、露地での大規模栽培は困難とされるトロピカルフルーツと一般野菜を、協生農法の理論で栽培。漁業はまったく新たな道を構築する。

サトウキビに限らず、一面表土を耕し、肥料で育て、農薬を使う今のようなやり方では、環境にも人にも良くないし、後継者も育たず存続が難しい。

それよりも、理に適ったフルーツジャングルを防風林に、サトウキビも防風林として、野菜を強風と紫外線から守る新たな農業を築けばいい。つまり、多種トロピカルフルーツと、多種野菜、サトウキビの混生農法だ。同時に、漁業でも新たな海洋牧場計画を進めようとしている。海と陸は循環において繋がっているからだ。

これまでも食の本質と道理を説いてきたが、人は成分養分に固執し過ぎる。大切なことは、単体成分ではなくバランス。生き物は、バランスから生じる生命力を摂ることで命を繋いでいる。

純度を求めて塩化ナトリウムを精製した失敗に懲りず、さらにミネラルからサプリにこだわる時代になってしまったから、健康は悪化する一方だ。

天然にこだわり、抽出技術を追い求めた結果は、人間にも周りの生き物にも表れている。

心臓病、糖尿病、肝臓病、ガン、アトピー、花粉症、虫歯、ペットの病気、野菜果樹の病気…。製糖工場で精製するのではなく、サトウキビを家庭でそのまま「糖分の元」として使えば良い。余計なことをせずに、生きた完全な植物をそのまま、生命の砂糖「バランス糖」として用いるのだ。

精製白糖は駄目、三温糖だ黒糖だと迷うくらいなら、そのまま「生砂糖」として使うことを考えたらいかがか。

そうすれば、糖尿病にも光が見えるかもしれない。

仙人の放任栽培野菜

山奥に友人の仙人を訪ねた。

山羊のようなヒゲを生やし、いつも作務衣を着た姿は仙人そのものだ。

彼はニンニクを不耕起、無農薬、連作で量産、加工して生計を立てている。

肥料はそこに生えた草だけで十分で、よそから持ち込む必要はない。連作障害は人が生み出した不条理、あるはずがない…という考えは野人と全く同じで、お互いに畑を行き来している。

異なるところは、彼は精神論、こちらは物理学をベースにしているところ。国語と数学の談話は噛み合わず、いつも漫才になってしまう。1プラス1は「必要ない」から0になり、2マイナス1は引けなくて「無我」に…。

週末には都会から二人の弟子が通って来て彼の仕事を手伝っているが、彼はキャベツと青虫の関係をこのように教えている。「キャベツに青虫がついているように見えるが、実態は青虫はいない」。弟子は首を傾げながらも、黙ってうなずくようになったらしい。

「青虫も毛虫もいるものはいる。その宗教がかった思考をなんとかしろ」と言いつつ、いつも二人でゲタゲタ笑っている。

キャベツも青虫も一体で、必然性があってそうなっているのだから、そんなことは気にするなと仙人は言いたいのだ。まったく同感なのだが…。

仙人の大根畑は、夏に数回適当に草を刈る程度で、八年間何もしていない。うねも通路も見境なく大根が出て、桜島だのわけのわからない品種が乱交状態。タネも滅多に蒔かないから、こんなに楽なことはない。「放っておけば勝手に出来る」のだ。

その仙人から「うまいニンジンを食わせる」と、究極の野菜ランチへの誘いがあった。

子供の時からのトラウマで、いまだにニンジンが食べられないのだが、野菜の味にうるさい二人を伴って行くことにした。一人は社員の女性、もう一人は教諭で植物講師の還暦女性だ。

お土産に自家製のヒラマサの生ハムを持参したら、仙人は大喜び。彼は自然食主義でも菜食主義者でもなく、肉やハムなどのタンパク質が大好物なのだ。

前菜に恐怖のニンジンフレッシュジュースが出た！

女性二人は、そのさわやかで強烈な甘さに感激。糖度はフルーツジュースに近く、酸味が少ないだけ甘さが引き立つ。ニンジンが自力で土から吸い上げた味だ。

他にも里芋、大根、自家製もろみなど食べきれないくらいのコースだった。

野菜の味だけで、ほとんど味付けされていないがうまい。

味噌汁が出たので中を見ると「何だ、こりゃ？」。大豆が丸のままうじゃうじゃ。

聞けば、蒸した大豆に塩と麹を混ぜて、一度も混ぜることなくそのまま放置したものらしい。何もしないから「不精味噌」と名づけられた味は素晴らしく、大豆も丸ごと食べられる…ただし、生き物だから味は変化するらしい。仙人は、その変化のプロセスがたまらないらしく、二年は楽しめると豪快に笑っていた。

どの料理もおいしかったが、中でも三人が一番驚いたのが茶碗蒸しだ。

具には、でかいシイタケと里芋丸ごとしか入っていないのに、これまでに食べたことのない強烈なうまさ。

地鶏の骨でダシを取ったのでは?と聞いたら、ダシは大根だけだと言う。鰹節も昆布も干しシイタケも味の素も使っていないのだ。

味覚は良いほうで、食文化には詳しいと自負しているが、このダシはどうにもわからなかった。ギブアップして聞くと、切干大根を二日かけてもどした水だけを使っていた。

仙人いわく、要点は二つ。水道水は駄目で、必ず山の湧き水を使うこと。大根は無肥料の自力大根しかこの味は出ない。大根が自力で集めた苦味やえぐみの成分が、熱によって旨味に変わるとのこと。

デザートに山盛りの「野菜ギョウザ」が出たが、苦しくて食えるはずがない。出す順のセンスが悪すぎる…何でギョウザがデザートなんだ!

不思議な味のお茶が美味しくて作り方を聞くと、やはり想像した通りだった。

山には放任して大きくなった茶の木がたくさんあり、それをむしってきて蒸し、陰干しにしただけらしい。普通の工程のように生葉を揉んで繊維を粉砕せず、乾いて揉めば細かくなって楽だからと。味は本場のウーロン茶に近く、たまに不精すると「紅茶」になってしまうらしい。

思わずウ～ンと唸らされた。さっそく「極楽茶」と名づけ、今年はそれを作ることにした。

切干大根も必ず…キジと活きたエビで究極の茶碗蒸しを作るために、どうしてもあのダシを使いたい。今からよだれが出そうになる。

おわりに　食の常識は間違っていないか

地球上のすべての生き物がそうであるように、生きる上で食べることは最も基本的な本能だ。親を知らない虫でさえも、生まれながらにして自ら食べ物を選ぶ能力を持っている。

人間だけが唯一異なる道を求めた。それは食を楽しむことであり、長い年月を要して独特の「食文化」を築き上げてきた。

おいしいものを食べることほど幸福感を味わえるものはなく、野人もそれを謳歌している。世界各国を眺めても、それぞれに特徴のある食文化が育まれている。

人は食においしさ美しさだけでなく、健康をも求め続けて来た。食材の持つ成分養分、そのバランスを考慮し、中でも野菜や果物に最も期待している。

戦後、栄養分重視に始まり、ビタミン、ミネラル、繊維質、酵素と、追い求めるものは時代とともに移り変わって、今や脂肪分、塩分や糖分を意識し、カロリー計算しながら朝昼晩と創意工夫している。それは科学同様に間違いと修正の歴史であり、今の常識が正しいわけではない。

地球上の動物がそうであるように、食べ物は一種でも健康は保てる。

人は健康を害し始めた時から、食べ物の成分を頭で考え、組み立てるようになった。健康ならそのようなことを考えるはずもなく、食べたい時に、食べられるものを好きなだけ食べているはずだ。何を食べるか苦心するより、苦心するようになった原因の究明が先決で、何を食べても健康問題が改善されなければ、世界の常識が根本的に間違っていると考えるべきだろう。

本エッセイを書き始めてから、野人の事業は海から山へと拡がり、魚介類のみでなく農業分野も展開。不耕起で肥料農薬を使わない野菜だけでなく、同様のお茶屋まで始めた。自然界の理に適い、応用すればコストも労力もかからず、事業として成り立つことを証明するためのモデルを作ろうとしている。実験、実践なくして理論は成立しない。荒廃した畑地だけでなく、茶畑と果樹園の再生、サトウキビ、米、麦、豆も同様に生産。農地と協生した畜産モデル、海洋牧場をも作ろうとしている。目指すところは健康と環境の回復であり、国内だけでなく地球環境の復元を目標としている。人は苦しむために生まれて来たのではない。

人間だけでなく、すべての生き物が安心して暮らせる地球にしたい。気が遠くなるような道のりだが、必ずやり遂げるという決意は固く、そのために会社を興した。それはちょうどＮＡＧＩの創刊（二〇〇〇年）と時を同じくし、創刊号から十二年に及ぶ連載「野人の食卓」を通して、食の本質とは何かを説き続けて来た。

野人がこれからどのような手法でどこへ向かおうとしているのか、詳しくはブログに書き残していく（http://ameblo.jp/muu8/）ので、そちらもぜひご覧いただきたい。

レストガーデンと御馳走樽。海の幸炭火焼バーベキューはいかが。

野人・大塚隆が主宰する海のアウトドア基地

ゴーリキ マリンビレッジ

海、野、畑のさまざまな体験メニューをご用意しています

キス釣りと天ぷらランチ

船で2時間の釣りを楽しみ
釣った魚をさばいて刺身や天ぷらに

ボートで磯探検&食事

船で鳥羽周辺の浜へ上陸
磯遊びや海水浴をして炭火焼バーベキューを

よくばりパック

船で鳥羽周辺の浜へ上陸、磯遊びや海水浴
船釣りをし帰港後、天ぷらや炭火焼のランチを

桟橋でハゼ釣りと天ぷら

ゴーリキの桟橋でハゼやカイズ、セイゴ釣り
釣った魚は、さばき体験後、天ぷらで

ムー農園収穫体験とランチ

鳥や虫と植物が協生するムー農園を見学
収穫したての野菜でランチを

塩つくり体験

海水を煮詰めて、理想的な
ミネラルバランスの塩をつくります

手揉み茶づくり体験

農薬、肥料を一切使わない農園の一番茶
八割方荒揉みされた茶葉を仕上げます

食事や体験メニューは全て予約制です
営業案内と最新情報はホームページで
gorikimarin.com/
〒516-0001三重県伊勢市大湊町1125-10
TEL0596-31-0300 FAX0596-31-0301
火・水曜定休(7・8月は水曜・第3火曜定休)

三重の建築散歩

千三百年前の姿で二十年毎に造替される伊勢神宮、自然力を活かす民家、西洋文化との出会いから生まれた擬洋館、モダニズム建築…歴史を語る建造物とまちなみ。JIA三重 編。

三重のスロー食堂

地野菜・地魚が味わえる食堂、オーガニック・レストラン、手打ちそば店、古民家カフェ、天然酵母パン屋など、風土色と店主の個性が伝わる、こころとからだにやさしい食事処ガイド。

人生を愉しむレストラン

先輩シェフの技に感動し、ワインや食材の作り手、アンティークにときめき…。「ひと皿の力」を追求してきた、伊勢のフランス料理店「ボンヴィヴァン」オーナーシェフ・河瀬 毅の三十年。

手漕ぎ隊が行く

桑名から新宮まで、伊勢湾と熊野灘に面した三重の海岸線を三人の中年男「手漕ぎ隊」がシーカヤックでツーリング。宮川、櫛田川、熊野川下りと、知床半島、慶良間諸島遠征編も収録。

大人の遠足 山善会が行く

ヤンマ、コイケ、サーチ、マーコ、モリヤン、タケヤン。保育所時代から四十年以上の仲良し六人組が、少年時代に戻って挑む渓谷、雪山、近所の里山…三重と県外の22名山お笑い山行記。

野人の食卓

2013年8月1日　発行

著　者　　大塚　隆
発行者　　吉川和之
編集者　　坂　美幸
印刷所　　北浜印刷工業
発行所　　月兎舎　getto-sha
〒516-0002　三重県伊勢市馬瀬町638-3
電話0596-35-0556　http://www.i-nagi.com

ISBN978-4-907208-02-8
落丁·乱丁本はお取り替えいたします。